Dorothea

Constanze Köpp

★

FRANNYS REISE

Constanze Köpp

Frannys Reise

Eine kleine Geschichte
über das Leben und das Sterben

PATTLOCH

Bibliografische Information: Deutsche Nationalbibliothek
Die Deutsche Nationalbibliothek verzeichnet diese Publikation in der
Deutschen Nationalbibliografie; detaillierte bibliografische Daten sind
im Internet über http://dnb.d-nb.de abrufbar.

Umschlaggestaltung: ZERO Werbeagentur, München
Umschlagfoto: Helmut Henkensiefken
Satz und Gestaltung: Hartmut Czauderna
Druck und Bindung: GGP Media GmbH, Pößneck
Printed in Germany

ISBN 978-3-629-02211-0

Bitte besuchen Sie uns im Internet:
www.pattloch.de

2 4 5 3 1

Inhalt

Vorwort

Das sei kein Thema für einen jungen, gesunden Menschen wie mich, sagten die Großen damals, als ich ein junges Mädchen war und zum ersten Mal vom Tod hörte und nachfragte. Wohl weil ich keine befriedigenden Antworten bekam, ließ mich das Thema nicht los. Außerdem hatte ich Angst – Angst vor etwas, das alle kannten und worüber niemand sprechen wollte. Bis sich mein Vater schließlich zu mir und meiner Schwester setzte und uns Erdachtes aus dem Himmel erzählte.

Später fing ich an, mir selbst kleine Geschichten auszudenken und sie aufzuschreiben. Sie handelten von Menschen, über die man nicht gern spricht – Schwerkranke, Sterbende, Behinderte, Waisenkinder. Kein Thema für einen jungen Menschen wie mich? Ich hätte mich so gern mit diesen Menschen unterhalten! Aber wo hätte ich sie finden können?

Sehr viel später, als ich Mutter wurde und meine Tochter anfing, mich nach dem Tod und nach Gott zu fragen, kramte ich die alten Geschichten aus der Schublade hervor. Und nach einem intensiven Besuch im Hamburger Kinderhospiz *Sternen-brücke* hatte ich die Idee, ein Buch zu schreiben. Dieses Buch.

Freunde fragten mich, wie ich über so ein schweres Thema schreiben könne, ich müsse doch froh sein, dass mein Kind und ich gesund seien. Außerdem sei das Leben zu kurz, um sich mit dem Tod zu beschäftigen. Selbstverständlich freute ich mich über unser beider Gesundheit! Aber können wir, die wir heute gesund sind, nicht schon morgen krank sein? Es wäre zutiefst unmenschlich, sich voneinander abzuwenden. »Man sollte Menschen, die es doppelt schwer haben, doppelt liebhaben!«, legt Franny uns ans Herz. Ist es nicht unsere Aufgabe als Gesunde, denen die Hand zu reichen, die krank sind? Sie zu sehen, ihnen zuzuhören, mit ihnen zu fühlen? Und ist nicht der Tod ein ständiger, stiller Begleiter vom Tag unserer Geburt an – wie könnte das alles kein Thema sein?

Der Tod – er hat viele Gesichter. Aber immer setzen wir ihm diese schwarze Maske auf. Dabei rufen wir ihn oft genug als Retter, wenn es hier unten nichts mehr zu retten gibt! Dann soll er uns erlösen, wir sehnen ihn geradezu herbei.

Der Tod – mit jedem Tag wachsen wir, reifen wir. Aber mit jedem Tag leben wir auch dem Tod ein Stück entgegen. Er macht vor niemandem halt! Wenn er uns alle ausnahmslos besucht, dann kann er nicht das Schlimmste sein. Wie soll ich mir die Menschen, die ich mittlerweile in meinem Leben verloren habe, vorstellen? Dass sie die Hölle durchmachen? Seele ist Energie. Und Energie kann nicht sterben. Ich sehe das Leben als Vorspiel. Als wunderschönes Bühnenstück, das jeder mit seinen besonderen Gaben zur Aufführung bringt. Zusammen mit all den wunderbaren Menschen, die neben ihm auf dieser Bühne stehen. Manche verlassen die Bühne nach dem ersten oder zweiten Akt. Andere bleiben länger. Bis der Vorhang irgendwann fällt.

Sternenbrücke ist auch solch ein Bühnenstück. Eine Reise zwischen Himmel und Erde. Ein Buch voller Fragen und Antworten. Von Liebe, Glaube, Mut, Gott, Freundschaft und dem Sinn des Lebens.

Und es ist eine Liebeserklärung – an das Leben, die Menschen, die Freunde, die Familie. An die Hoffnung, die Sehnsucht, die Zuversicht. Vor allem ist es ein kleiner Versuch, die Mauer des Schweigens zu durchbrechen!

Ich freue mich, wenn Sie bleiben.
Bis der Vorhang fällt.

Hamburg, im Sommer 2008
Constanze Köpp

Das Leben davor

✦ ✦ ✦

Ich heiße Franny, und auf der Erde war ich genau fünfzehn Jahre, sieben Monate und dreizehn Tage lang. Als Franny kennt man mich auch hier oben. Ich wohne heute weit über euch – in dem unendlich weiten Himmel. Meine neue Heimat ist die Wohnung vom lieben Gott, in der auch Milliarden andere Seelen ihr Zuhause haben.

Es ist sicherlich die größte Wohnung aller Zeiten mit dem größten Fenster überhaupt, aus dem man die ganze Erde auf einmal überblicken kann. Das klingt für euch, als wäre das alles sehr weit weg. Dabei bin ich nur einen einzigen Gedanken von euch entfernt! Gedanken ziehen einander an. Nur wer vergisst, wird sich entfernen. Man sollte niemals aufhören mit dem Denken an andere. Dieses *Andenken* kann uns doch niemand nehmen!

Ihr da unten spaziert täglich unter einem Himmel voller Seelen. Eine davon ist meine. Wie schön ist es für mich, von hier oben alles zu betrachten, mir nicht mehr den Hals verrenken zu müssen, um alles auf einmal sehen zu können.

Natürlich hatte ich Angst. Anfangs.

Ich wusste ja, dass kein Prinz kommen und mich wach küssen würde. Mein Leben war zwar oft ein Märchen, doch leider keins mit einem Happy End. Trotzdem war ich lange happy – bis ich über mein Ende nachdenken musste.

Hier oben bin ich von vielen schönen Dingen umgeben: dem Himmel, den Sternen, dem Regenbogen, den Wolken. Wenn ihr den Himmel vor lauter Wolken nicht erkennen könnt, fühlt es sich bestimmt an, als trenne eine Nebeltür euch da unten von uns hier oben.

Seit fünf Monaten bin ich nun hier, und auf meiner Reise in den Himmel musste ich durch dieses »Dazwischen«, das für jeden ein Geheimnis bleibt, der noch mit seinen Füßen auf der Erde steht.

Ich habe für mich dieses Geheimnis, das ich so oft als unverständlich und beängstigend empfunden habe, gelüftet. Und so schenke ich euch heute meine Geschichte. Und ich nehme euch mit auf eine ungewöhnliche Reise.

Wie alles begann

✦ ✦ ✦

Ich muss etwa acht gewesen sein, als sich Mama und Papa eines Abends an das Kopf- und Fußende meines Bettes setzten. Mir hatten schon wieder schreckliche Bauchschmerzen den ganzen Tag verdorben, und nun saß Mama ganz nah an meinem Kopf und drückte mir die kleine Herzwärmflasche auf den Bauch.

»Franny, du hast uns immer wieder gefragt, warum es dir oft so schlechtgeht und warum wir so viele Ärzte besuchen müssen. Also …« Mama verstummte. »Also, mein Liebling, wir sind dir oft ausgewichen, weil wir nicht viel wissen, aber – also, das kommt daher …« Papa fiel Mama ins Wort und räusperte sich. »Weißt du, jeder Mensch hat einen Stoffwechsel, der für die Aufnahme, den Transport und die Umwandlung von Stoffen im Körper verantwortlich ist. Und er sorgt für die Abgabe von Stoffwechsel-Endprodukten. Das alles ist sehr wichtig für den Aufbau und die Erhaltung der Körpersubstanz und …« Papa blickte zu Mama. »Und der richtigen Körperfunktionen!« Ich schloss meine

Augen und hakte leise nach: »Und bei mir hat dieser Stoffwechsel 'ne große Macke?«

An jenem Abend durfte ich bei Mama und Papa im Bett schlafen. Papa stopfte die Besucherritze zu, und ich durfte die ganze Nacht zwischen den beiden liegen. Das war eigentlich immer schon so, seit ich klein war und kränkelte. Zum Beispiel wenn ich Masern, Fieber oder Schlimmeres hatte. Meine Schwester Jessi und ich genossen es daher immer, krank zu sein. Krank zu sein, das hieß, im Bett der Eltern schlafen zu dürfen. Mit meiner neuen Krankheit bekam das Kranksein jedoch eine ganz neue Bedeutung.

Mama und Papa haben mir das mit dem Stoffwechsel immer wieder erzählen müssen, aber verstanden habe ich es nicht wirklich. Ich wusste jetzt zwar, warum mir immer übel war, ich Schmerzen hatte und mir gerade das Atmen schwerfiel, aber nun war auch noch Angst dazugekommen. Da hatte ein anderer die Kontrolle über meinen Körper und mich als Chef verdrängt. Und sein Name klang auch nicht sehr freundlich: Herr oder Frau Mukoviszidose. Ich habe mir meinen Körper von innen vorgestellt und musste weinen.

An diesem Abend habe ich noch lange wach gelegen und meine Eltern beobachtet, während sie schliefen. Ob Eltern auch von ihren Kindern träumen? Wenn ja, käme ich als gesunde Franny in ihren Träumen vor?

»Kann ich daran sterben?« Gleich am nächsten Morgen hatte ich Mama und Papa mit meiner Frage geweckt.

»Nein, Liebling!« Mama klang fast wütend. »Man stirbt doch nicht immer an einer Krankheit!« Erleichtert holte ich tief Luft. Damit war die größte Angst für mich zunächst gestorben. Gestorben? Ich muss jetzt schmunzeln, wenn ich daran denke, in welchem Zusammenhang ich das Wort damals benutzte. Die Angst verschwand natürlich nicht wirklich, aber ich wollte sie unter allen Umständen kleiner machen. Was, wenn die Krankheit gemein zu mir sein und ich an ihr sterben würde? Immer mehr Fragen tauchten auf. Mama und Papa konnten mir aber nicht mehr auf alles eine Antwort geben.

Sie fanden auch nichts mehr in ihren schlauen Büchern, in denen sie sonst immer gern nachschauten. Ich hatte einfach viel zu viele Fragen und sie viel zu wenige Antworten. »Liebling, wir wissen einfach noch nicht genug über diese Macke, die dein Stoffwechsel hat!«

Mein Kinderarzt, Dr. Brenz, erklärte mir das mit dem kaputten Stoffwechsel, so gut es ging. Ich war ein wenig erleichtert, nicht die Einzige auf der Welt mit so einer Krankheit zu sein. Wenn man etwas Seltenes hat, ist das nicht immer schön. Denn es kann einen einsam machen. Dr. Brenz sagte, in Deutschland haben etwa 5000 Menschen auch so eine *Mukoviszidose!* Es ist wirklich besser, sich nicht allein, einsam und anders als die Gesunden zu fühlen. Trotz meiner Krankheit durfte ich aber lange Zeit tun, was eine gesunde Franny sicherlich auch getan hätte.

Ich nannte den Chef in mir »den kleinen Attentäter Mukki«. Man wird mit Mukki schon geboren. Ob Mukki sich in mir schon eingenistet hatte, als ich noch in Mamas Fruchtblase schwamm? Hätte ich schon vorher etwas von dieser Krankheit gespürt, wäre ich dann trotzdem gern auf diese Welt gekommen? Mit Sicherheit! Jedes Leben ist es wert, gelebt zu werden! Und wenn jemand Schmerzen hat, gibt es Mittel dagegen! Mukki hat mich auch nicht daran hindern können, viel zu sehen, zu erleben und zu fühlen.

Endlich hatte meine Krankheit einen Namen! Dr. Brenz hatte mich mit ihr bekannt gemacht – es war zu spät, die Bekanntschaft abzulehnen. Das erinnert mich an Menschen, die sich einem anderen aufdrängen und die man dann nur schwer loswird, ohne verletzend zu sein. Da gab es einen Kollegen von Papa, der war so. Immer lud er sich selbst ein, kam unangemeldet vorbei. Niemals wartete er, bis wir ihn einluden. Mama sagt, Einsamkeit verändere die Menschen. Ich hatte Mitleid mit einsamen Menschen. Wie können Menschen einsam sein? Es gibt doch so viele Menschen auf der Welt … Allein sein und einsam sein ist aber nicht dasselbe! Ich glaube, allein sein geht nach außen, einsam sein geht nach innen.

»Hör mal, Franny, gesund sein kann doch jeder!«, tröstete mich meine beste Freundin Klara. »Nicht jeder schleppt so etwas Seltenes mit sich herum!« – Ich spürte genau, dass sie oftmals lieber geweint hätte, als mich zu trösten. Beste Freundinnen machen sich nichts vor. Ich dachte über Klaras Worte nach, die gar nicht stimmten: Gesund sein kann doch jeder! »Ich schleppe tatsächlich etwas Seltenes mit mir herum. Nämlich dich, Klara!« Nach diesem Satz lagen wir uns lachend in den Armen.

Der, der trösten will, muss ganz schön stark sein. Andere zu trösten, während man weinen muss, muss sogar doppelt so schwer sein! Und nicht nur die Gesunden trösten die Kranken, die Kranken trösten auch die Gesunden! – »Ach, Klara, mein Trost ist, dass du meine beste Freundin bist und das auch immer bleiben wirst!« Klara suchte nach meiner Hand: »Ich bin stolz, dass ich dir gerade jetzt zeigen kann, dass ich wirklich deine beste Freundin bin!«

Mama und Papa wussten von Anfang an, dass Mukki in mir war. Hatte ich gerade deshalb eine so schöne Kindheit? Doch sie wussten nicht, wann Mukki sich bemerkbar machen würde. Diese Krankheit ist so schleichend – der Kranke spürt erst sehr viel später, dass in seinem Körper was nicht stimmt.

Jessi ist drei, und sie ist kerngesund. Als ich erfuhr, dass an Mukki schon Menschen gestorben sind, wurde für mich die Zeit mit Jessi besonders wertvoll. Früher konnte sie mich ganz schön nerven, später gelang es ihr beim besten Willen nicht mehr! Ich bin stolz, dass ich Jessi noch zeigen konnte, wie man Schmetterlinge fängt, Tiger aus Papier faltet und die Tonleiter rülpst. Am liebsten aber mochte Jessi meine Geheimsprache. Im Flüsterton sang ich sie gern in den Mittagsschlaf: »Huchandi waschti mi kolta ba ri …«

Wie sich das wohl anfühlen würde, tatsächlich nicht mehr da zu sein? Nie mehr die Füße auf die Erde setzen und die Welt ablaufen zu können? Die Welt nur noch vom Himmel aus zu sehen – welch eine komische Vorstellung und welch ein komisches Gefühl. Mit viel Phantasie konnte ich mir alles Mögliche vorstellen, aber nicht mehr da zu sein, das war unmöglich. Ich habe es nie geschafft, mir vorzustellen, ich sei »nichts«.

Die Welt wird sich immer weiterdrehen, weil sie den längsten Atem hat. Sie bleibt auch nicht kurz stehen, wenn wieder einer fehlt. Dann würde sie sich gar nicht mehr drehen, weil in jeder Sekunde irgendwo ein Mensch die Erde verlässt.

Warum hat nie jemand den Tod überlebt oder überlistet oder ist direkt zurückgekommen? Vorgenommen haben sich das bestimmt viele. Da sind Technik und Wissenschaft so weit entwickelt, da erfinden wir Menschen die schlauesten Geräte, aber niemand hat Ersatzteile für einen kaputten Körper. Warum erfinden die Forscher und Wissenschaftler keine Überlebensmaschine? Warum tauscht niemand kranke Stoffwechsel aus? Was ist, wenn die ganze Welt krank wird? Schließt man sie an Lungenapparate an? Regeneriert sie sich von ganz allein? Hat die Welt eine Seele? Oder hat sie Milliarden von Seelen? Vollzieht sich das Sterben der Welt auch so schleichend wie das Sterben von Menschen mit besonderen Krankheiten?

Warum kann man nicht so lange leben, wie man will? Wer schafft es schon, in einem einzigen Leben die ganze Welt zu entdecken, besonders wenn es so kurz ist wie meins? Wäre dieses eine Leben zu langweilig, wenn es keinen Anfang und kein Ende gäbe? Hat die Erde zu wenig Platz für alle Lebewesen zur gleichen Zeit? Stellt euch mal vor, dass alle Menschen, die jemals gelebt haben, zur gleichen Zeit auf der Erde leben. Welch ein Gedrängel wäre das! Papa sagt, die Erde wird langsam kleiner, weil es so viele Menschen gibt. Außerdem, so sagt Papa, machen wir Menschen die Natur kaputt. Dabei könnten wir doch alle in Frieden mit den Tieren und Pflanzen leben. »Ja, die Menschen sind rücksichtslos!«, erwiderte ich sauer und dachte, dass ich meine kleine Welt so lang wie möglich heil haben wollte. Meine Welt sollte noch lange nicht untergehen. Ich dachte an Venedig: Was passiert mit den Einwohnern, wenn eine Stadt im Meer versinkt?

»Nicht mehr da zu sein, das ist bestimmt wie vor der Geburt. Man kann sich nicht erinnern. Oder Mami?« Mama legte eine Hand auf meine Schulter: »Bestimmt! Das heißt, es kann nicht weh tun, Liebling. Oder erinnerst du dich noch an den Moment, in dem du aus mir herausgeschlüpft bist?«

Mama senkte ihren Blick. Sie hatte bestimmt Schmerzen bei meiner Geburt gehabt. Und sie wird wieder Schmerzen haben, wenn ich gehe. Manche Schmerzen drücken auf den Körper, andere Schmerzen auf das Herz.

Als Oma uns an einem Sonntag besuchte, hatte sie einen Film für mich dabei, die »Brüder Löwenherz«. »Weißt du, Franny, da ist dieser kleine Karl, vielleicht in deinem Alter. Und immer wenn er große Angst vorm Sterben hatte, erklärte ihm sein Bruder Jonathan, dass sie sich beide nach dem Tod wiedersehen würden – in dem Land Nangijala.«

»Glaubst du, das Land, das unsere Seelen sammelt, hat einen Namen, Omi?« Oma runzelte die Stirn. »Wie auch immer die letzte Heimat der Menschen heißt, es wird eine ganz friedliche Umgebung sein. Und ich werde garantiert noch vor dir da sein, um dich dort zu empfangen und dir alles zu zeigen. Sag mal, wie gefällt dir denn der Name ›Petrusstadt‹?«

Ich wurde nachdenklich. »Peeetrusstadt? Ach Omi, der Name ist egal! Versprich mir lieber, dass du lange lebst, denn Jessi braucht doch eine Oma!«

Schon verrückt, dass der liebe Gott einen auf »lebenslänglich« einstellen kann. Oder muss man sagen: »todeslänglich«? Ich habe gehört, dass Menschen, die schon mal fast gestorben sind, aber wieder aufwachten, von einem wunderschönen Licht erzählen. Es muss sich angefühlt haben, als würde man durch Sonnenstrahlen reisen. Und wenn man richtig stirbt, ist das sicherlich wie eine Fahrt in ein tropisches Urlaubsparadies. Man fährt hin und bleibt für immer da. Eine Reise ohne Rückfahrt ist im richtigen Leben günstiger als eine Reise mit Rückfahrt. Meine letzte Reise ist auch eine Reise ohne Rückfahrtticket, doch ich muss sie teuer bezahlen – mit meinem Leben!

Wie behalten einen die Menschen in Erinnerung? Schlimm, wenn man sich gestritten hat, bevor man geht. Wenn ich daran denke, wie Menschen sich streiten, denke ich an Klara und ihre Mama. Sie stritten viel wegen blöder Kleinigkeiten: Das Zubettgehen, das Fernsehen, die Klamotten. Das bringt doch nichts, dabei kann man doch nichts lernen! Ich habe mit Klara eigentlich nie gestritten. Beste Freundinnen streiten einfach kaum, weil sie beste Wege finden, einen Zank zu umgehen und nett miteinander zu reden über das, was sie nervt. Waren wir nur annähernd ein bisschen sauer aufeinander, dann haben wir schnell eines unserer Geheimsprachenlieder gesungen, haben uns umarmt und uns schlapp gelacht. Danach konnten wir in Ruhe reden. Obwohl – ein wenig Streit ist ja in Ordnung, da lernt man den anderen mal von einer neuen Seite kennen.

Seit ich von Mukki wusste, hatte ich ganz viele Wünsche. Mir fiel täglich etwas Neues ein, denn schon das Wünschen machte mich glücklich. Und mit ganz viel Phantasie fühlte sich das, was ich mir ausdachte, ganz schön echt an!

»Lieber Gott, ich bete schon so viele Abende, dass ich nicht zu dir kommen muss. Ich habe ja nichts gegen dich, aber ich kann dir doch hier unten auch begegnen. Bitte hole mich noch nicht nach oben! Wenn du mir hilfst, dass ich wegen Mukki nicht sterben muss, dann macht das vielen

Menschen Mut. Außerdem beweist du dann, dass es dich gibt! Und außerdem bin ich noch so jung – was könnte ich da oben schon für dich tun?«

In der Vorschule wurden wir gefragt, was wir mal werden wollen. »Lehrerin! Was sonst!«, posaunte ich. »Ich will helfen, kleine Menschen groß zu machen!« Was konnte es Schöneres geben, als jungen Menschen etwas beizubringen und dabei selbst noch etwas zu lernen? Wie glücklich ich war, als Jessi geboren wurde! Eine richtige Lehrerin zu werden – dieser Traum platzte jedoch wie eine Seifenblase, als ich acht war. Warum gerade ich? Warum schon mit fünfzehn? Was hat ein Teeny mit dem Tod zu tun? Er ist doch gerade erst in die Welt geschlüpft. Oh, an manchen Tagen war ich nicht nur traurig, sondern richtig sauer, beinahe wütend. Wütend auf das Leben, auf meine Eltern, meine Freunde, auch auf Gott. Konnte ich nicht irgendjemandem die Schuld für meine Krankheit geben? Können so kleine Zellen in mir wirklich so großen Schaden anrichten? Ich kam mir so machtlos vor – machtloser als der kleinste Baustein in meinem Körper.

Ich weiß, dass der Tod keinen Unterschied macht zwischen Jungen und Alten, zwischen Kranken und Gesunden. Wir Menschen haben kein Mindesthaltbarkeitsdatum wie Lebensmittel. Wir werden ganz unterschiedlich alt, bevor wir anfangen, zu schimmeln. Ich fühle mich noch kein Stück ranzig. Ich? Wer ist das: »Ich«? Körper, Seele, beides zusammen? Kann man das trennen?

Wie es wohl wäre, wenn man nicht sterben könnte? Auch so eine merkwürdige Vorstellung! Irgendwann muss sich doch alles wiederholen. Und irgendwann werden Kopf und Körper vielleicht müde. Müde vom Leben, von den Abenteuern, vom Entdeckungsdrang, von dem, was man schon alles kennt. Nein, lieber komme ich nach einer Weile Totsein gern mal wieder zurück auf die Erde, wenn ich darf.

Ich denke an Babys, die sterben. Warum werden sie überhaupt geboren, wenn sie dann so schnell sterben müssen? Haben sie sich in der Zeit geirrt? Kriegen sie ihr Sterben auch bestimmt nicht mit? Ob sie dorthin zurückgehen, woher sie gekommen sind? Am Ende war ihr kurzes Leben wie ein langer Traum. Eine Bekannte von Papa hat ihr Baby schon im Bauch verloren. Ich habe heimlich gelauscht, als er Mama davon erzählte. Abends beichtete ich meinen »Lauschangriff«.

»Papa, wenn das erste Leben so kurz war, dann muss es doch noch ein längeres danach geben, oder? Die Seele eines Babys kommt bestimmt noch einmal wieder. Es muss doch einen Grund geben, dass das Baby einst entstanden ist.« Papa kuschelte sich an mich und lachte: »Ach, meine große Denkerin!«

Wie kommt man bloß auf Fragen, die niemand beantworten kann? Warum lässt Gott zu, dass kleine Babyseelen wieder abreisen müssen? Sie ihren kurzen Lebensweg so früh abbrechen müssen? Oder hat einfach ihr Körper nicht mitgespielt? Vielleicht war da etwas in Unordnung, und der Körper hörte auf, sich zu entwickeln? Und vielleicht ist das auch richtig, denn es gibt bestimmt Eltern, die ihr Baby nicht liebhaben können, wenn es krank zur Welt kommt. Und trotzdem – wenn die Engel einen am Ende des Lebens abholen, dann sollten sie einen doch auch am ersten Tag sicher ins Leben führen! Wenn Engel aber irren können und Fehler machen, dann ist das vielleicht der Beweis dafür, dass sie einst Menschen waren. Wie ähnlich sich Menschen und Engel doch sind …

Und was ist mit den Menschen, die sich umbringen? Die ihren Tod selbst wählen? Timo, der Sohn von Mamas Freundin Gisela, der ist von sich aus gegangen. Dabei war Timo nicht mal krank! Er war unglücklich verliebt in ein Mädchen aus der Judogruppe, das ihn ständig nur gehänselt hat. Was sie gegen ihn hatte, wusste keiner. Die Zahnspange kann nicht der Grund gewesen sein. Niemand ahnte etwas von seinem Liebeskummer, und eines Tages sprang er dann vor einen Zug. In seiner Hosentasche fand man eine kleine Zeichnung. Sie ähnelte dem Mädchen aus der Judogruppe. Timo war erst fünfzehn, genau wie ich! In der Zeitung war ein Foto von ihm. Ich musste oft an ihn denken. Er wusste lange vor mir, was mir noch bevorstand! Ich würde mich niemals trauen, aus meinem Leben zu springen.

Ich fand Timo mutig, aber viel mutiger wäre er gewesen, wenn er trotz seines Kummers geblieben wäre. Schlechte Gefühle gehören doch zu jedem Menschenleben! Ich war wütend auf das Mädchen, das Timo so gehänselt hatte. Ob dieses Mädchen je erfahren wird, wie sehr es Timo weh getan hat? Leider weiß ich nicht, wie es auf Timos Tod reagierte. Da will jemand einem anderen seine Liebe schenken und zahlt dafür mit seinem Leben. Wohin Liebe die Menschen führen und was sie alles auslösen kann! Es ist doch ein Geschenk, wenn sich jemand in dich verliebt. Diesen Menschen darf man nicht mit Füßen treten. Wie stolz wäre ich gewesen, wenn es auch mich einmal erwischt hätte!

Bin ich froh darüber, dass mir Liebeskummer erspart geblieben ist? Nein!

Timo hat sein rechtes Bein ein wenig nachgezogen. Na und? Wie selbstbewusst er damit umging.

Und das Mädchen? Wie schwach es war, vielleicht wegen einer äußerlichen Macke ... Man sollte Menschen, die es im Leben doppelt schwer haben, einfach auch doppelt liebhaben!

Ach, ich bin ja doch verliebt! Ich bin verliebt in das Leben! Warum geht es anderen nicht ebenso? Menschen haben die Wahl zwischen Leben und Sterben. Sie sollten lieber nicht die Wahl haben zu sterben. Den Tod zu wählen, das ist doch blöd! Wir können ja auch nicht wählen, ob wir geboren werden oder nicht. Eben kurz mal zu sterben, das geht doch nicht. Wenn man einmal mit dem Atmen aufhört, atmet man nie wieder!

Warum schickt Gott den Menschen nicht gerade dann einen rettenden Gedanken, wenn sie die Erde auf eigenen Wunsch verlassen wollen? Warum stellen die Schutzengel nicht ein Stoppschild gegen den Freitod auf? Jedes Leben ist ein Wunder. Es ist etwas Besonderes, geboren zu werden. Besondere Dinge sollten wir nicht achtlos wegwerfen – egal, wie gering oder wie klein sie sind! Jeder und jedes hat doch einen Grund, hier zu sein. Alles andere wäre Verschwendung. Und gerade ein Mensch kommt doch nicht umsonst zur Welt! Da setzen sich menschliche Zellen wie aus einem Baukasten zusammen, und plötzlich entsteht ein echtes Lebewesen – das ist doch phänomenal!

Papas Meinung zum Freitod war eindeutig: »Nur der liebe Gott darf uns holen. Er weiß am besten, wann wir dort oben gebraucht werden. Und er geht nicht danach, ob jemand noch klein oder schon groß ist.«

»Oder krank oder gesund?«, hakte ich nach.

Mama sagte, dass manche zwar keinen kranken Körper, aber leider einen kranken Kopf oder ein krankes Herz haben: »Wenn man im Kopf krank wird, kann vielleicht auch der Körper krank werden.«

Wie doof sind die Menschen, dass sie sich alles kaputt machen. Doch – was macht den Kopf eigentlich kaputt? Ob schon schlechte Gedanken ausreichen?

Wenn mich etwas doll beschäftigt hat, sollte ich immer mit Mama drüber sprechen. »Wenn dich etwas bedrückt, lass es raus, damit der Kopf wieder frei wird für Schönes. Sorgen belasten nur das Herz. Und ich will, dass dein Herz ganz lange schlägt! Es darf nicht kaputtgehen von Sorgen, die man ›entsorgen‹ kann. Kopf und Körper müssen sich vertragen, sie sind doch unzertrennlich! Ach, wie gern ich deinen Körper gegen meinen tauschen möchte, Liebling!«

Ich lächelte Mama an: »So viel Busen will ich aber nicht! Und außerdem: Sorge dich nicht so.

Das geht nur auf dein Herz, und ich will, dass deins noch lange für uns schlägt!«

Ob durch Krankheit, Unfall oder weil der Motor alt und morsch geworden ist – man kann an jedem Tag seines Lebens sterben, alt oder auch jung. Ich will, dass gesunde Menschen sehr alt werden. Ich will nicht, dass junge und körperlich gesunde Menschen sich umbringen! Wie viele werfen einen gesunden Körper weg, für den ein Kranker alles geben würde? Wenn ihre Seele ein bisschen kaputt ist, dann sollen sie sich Hilfe holen. Mama sagt, es gibt sogenannte Klempner für den Kopf. Die können Seelen reparieren.

Bei mir war alles anders: Meine Seele war heil, doch mein Körper machte Stress. Das ist gemein. Wieso konnten sich die beiden nicht vertragen? Wo sitzt die Seele eigentlich? Wie kann man sie finden, um sie zu reparieren? Es gibt so viele Menschen, die wieder gesund wurden. Konnte sich mein Stoffwechsel nicht von seiner Macke befreien? Warum konnte ich trotz Mukki nicht wenigstens halb so alt werden wie Oma? Ich war lange voller Hoffnung, dass es mir gelingen würde, mich gesund zu denken oder mich mit Mukki irgendwie zu arrangieren! Ich finde, Hoffnung sollte belohnt werden!

Hier oben ist es ein wenig anders, als ich es mir vorgestellt hatte. Hier oben kommen die Seelen der Menschen, die freiwillig gestorben sind, nicht direkt mit denen zusammen, die Gott zu sich geholt hat. Noch nicht. Aber allen Seelen geht es gut hier oben. Sie sind frei! Frei von Kummer, frei von Schmerzen, frei von Körpern, die 'ne Macke haben. Manche warten nur etwas länger auf eine »Schutzengel-Aufgabe« – und die ist ja der eigentliche Sinn unseres himmlischen Daseins. Nur wer wieder gelernt hat, Verantwortung zu tragen, bekommt eine Aufgabe. Wer sich umgebracht hat, konnte nicht auf sich selbst aufpassen, als es gerade am wichtigsten für ihn war. All das weiß ich von Archibald, dem Schutzengelwächter.

»Ist es eigentlich besser, wenn man weiß, dass man sterben muss, oder wenn der Tod ganz plötzlich kommt? Wie ist es für dich und Papa?«

Mama schwieg und runzelte leicht die Stirn. Dann nahm sie mein Gesicht in ihre Hände, schaute mich an und flüsterte: »Franny, es ist egal, wann jemand geht. Es schmerzt immer! Wir müssen unbedingt versuchen, deinen Mukki zu überlisten!«

Ich dachte ernsthaft über meine Frage nach. Irgendwie fand ich es besser, rechtzeitig zu wissen, dass ich an Mukki sterben könnte. Und auch, wann das in etwa passieren würde. So konnte ich meine Zeit besser »rest-leben«.

Immer hatten alle Angst vor meinem letzten

Atemzug. Jeder Tag war ein kleiner Abschied. Wie gern hätten wir die Zeiger meiner Lebensuhr zurückgedreht. Wenn man krank ist, hat man nicht den Wunsch, rasend schnell groß zu werden, um Dinge zu tun, die man als Kind noch nicht kann oder darf. Nein, ich wäre am liebsten immer kleiner geworden. Ich wollte, dass die Zeit mal rückwärts läuft. Zurückläuft bis zu der Zeit, als ich noch ein Baby war. Als ich noch sicher und aufgehoben in Mamas Schoß lag und noch keine Fragen über das Leben und den Tod stellen konnte.

Mein Lachen war immer ein Geschenk für die anderen. Am Ende war es jeder Atemzug, über den sie sich freuten. So ist das mit Geschenken. Wenn man krank ist, lernt man schnell zwischen sinnigen und unsinnigen Geschenken zu unterscheiden. Zwischen Geschenken, die glücklich machen, und Geschenken, die ohne Überlegung gemacht werden. Für mich sind Geschenke Gaben, die demjenigen etwas sagen sollen, dem ich sie schenke. Oft ersetzen sie auch Worte. Dinge, die glücklich machen, kosten gar nicht viel und manchmal sogar gar nichts. Glück spürt man ganz tief in sich drin. Alles, was das Herz berührt, kann glücklich machen. Glück liegt im Herzen, Wut liegt im Bauch. Zumindest bei mir. Mich konnten Geschenke nicht wütend machen.

Eher machte es mich traurig, wenn ich sah, wie enttäuscht manche Menschen ihre Geschenke entgegennahmen. Andere Menschen wiederum suchen sehr lieblos Geschenke aus. Manchmal klingt ein Dankeschön auch gar nicht echt. Das habe ich bei Erwachsenen schon oft beobachtet. Kinder hingegen sagen eher, was sie denken.

»Wenn man nichts erwartet, bekommt man mehr. Wer viel erwartet, bekommt nicht mal die Hälfte!« Klaras Mama hat das mal gesagt. Ich glaube, sie hat recht damit. Schlimm, wenn man nie zufrieden ist.

Wenn Klara an meinem Bett saß und wir uns liebevoll bei den Händen hielten, konzentrierten wir uns ganz auf unsere Berührungen. »Die Chemie stimmt einfach zwischen uns!«, lachte Klara, wenn eine Berührung mal wieder geknistert hat wie elektrischer Strom. Solche Momente sind Geschenke. Und kleine Zeichen, dass man zusammengehört.

Ich habe mich zwar gezwungen, nicht zu viel über das Sterben und den Tod nachzudenken, aber wenn man sich vornimmt, an etwas nicht zu denken, denkt man natürlich besonders daran. War ich auffällig traurig, versuchten alle, mich aufzumuntern. Aber sollten sie sich ständig etwas Neues einfallen lassen, nur damit ich heiter wurde und lachte? Ich wollte immer wie ein normales Mädchen sein und auch so behandelt werden – soweit das eben möglich war. Ich wollte unter keinen Umständen in lächelnde Gesichter schauen, wenn die Augen mir etwas anderes sagten. Augen können nicht lügen, auch wenn mir ab und zu kleine Unwahrheiten recht gewesen wären.

Es war nicht immer einfach, mehr zu sein als andere in meinem Alter: tapfer, hoffnungsvoll, kämpferisch, wach und stark. Ich war bereit, jeden Tag erneut gegen Mukki in den Kampf zu ziehen. Nur, welche Mittel hatte ich, ihn zu besiegen? Ich wollte unbedingt wieder der Boss in meinem Körper werden. Und ich wollte meinen sechzehnten Geburtstag feiern – als gesunde, fröhliche Franny. Dr. Brenz sagte, ich könne trotz Mukki mindestens dreißig Jahre alt werden. Zu wenig für einen jungen und zu viel für einen kranken Menschen? Mama und Papa versprachen mir eine riesige Party zu meinem sechzehnten Geburtstag. Sie wussten, dass die Sechzehn meine Glückszahl war! Na ja, eigentlich war jedes neue Lebensjahr eine Glückszahl für mich. Mama und Papa versuchten, mich mit allem Möglichen anzuspornen! Irgendwann wurde jeder Monat, jeder Tag und jeder Augenblick zum Glücksmoment, wenngleich ich dem Tod zunehmend näher rückte. Wie gut, dass ich nicht gemerkt habe, wenn Zellen in meinem Körper ohne meine Erlaubnis vor sich hin starben. Die Zellen – so wichtige Teile von mir –, nun ließen sie mich einfach im Stich!

Natürlich habe ich mich oft gefragt, ob Gott wirklich gut ist und ob ich ihm vertrauen kann.

Mama und Oma erklärten mir, dass es wichtig ist, an etwas zu glauben, weil es einem Kraft geben kann und man sich dann nicht so leer und einsam fühlt. Ich glaubte – an Gott, die Engel und die Liebe. Oma sagte, Gott schicke uns ständig kleine und große Zeichen. Wir sollten wachsam sein und lernen, sie zu erkennen. Gott hat schließlich keine Stimme wie wir Menschen. Das größte Zeichen oder Geschenk ist, dass er die Welt erschaffen hat. Für sich und für alle Lebewesen, die darauf wohnen. Der Schöpfer hat alles: Pflanzen, Tiere und Menschen, erfunden. Ich finde, das Kinderkriegen war seine beste Idee. Und wie er das nun alles genau angestellt hat, werde ich hier oben sicherlich irgendwann herausfinden.

Doch leider ist ja nicht alles schön auf der Erde – zum Beispiel gibt es dauernd irgendwo Krieg. Papa sagt, dass sich manche Staaten mehr mit Kriegen, mit neuen Waffen und Raketen beschäftigen als mit Frieden. Wer durch einen Krieg den Frieden will, ist doch nicht gesund im Kopf! An Kriegen misst man seine Macht, heißt es. Nur, welche Macht? Ich finde, Macht erlangt man, wenn man Frieden schafft *ohne Waffen!* Für mich beginnt Frieden in der kleinsten Welt, in einer Familie. Mama war bei uns die Mächtigste. Sie konnte Streitereien am schnellsten schlichten! Ihre Waffen, um wieder Frieden zu schaffen, waren Liebe und Geduld.

In meinem Körper steckte auch eine Waffe, meine Krankheit. Wie gern hätte ich die vernichtet und für Frieden in mir gesorgt.

Frieden konnte ich auch spüren, wenn ich mit Papa bei Sonnenuntergang in den Wald ging, wir auf einer Lichtung saßen, Moos zwischen unseren Fingern zerbröselten und große Bäume umarmten. Von Bäumen geht so viel Kraft aus, finde ich. Außerhalb des Waldes war Papa für mich wie ein kräftiger Baumstamm, an den ich mich immer anlehnen konnte. In einige Baumrinden ritzte ich die Anfangsbuchstaben von den Namen meiner Freundinnen und setzte ihnen so ein kleines Denkmal. Habe ich den Bäumen damit weh getan?

Dass Gott in der Vorstellung von Kindern einen grauen Bart und lange Gewänder trägt, fand ich lustig. Und auch, dass Gott eher männlich sein soll. Ich habe gehört, dass es früher auch Göttinnen gegeben haben soll, Diana, Aphrodite, Hera und wie sie alle heißen. Ob die alle Gottes Freundinnen waren? Hat der Mensch sie erfunden, oder hat Gott auch sie erschaffen? Hat Gott vielleicht auch Lebewesen erfunden, zu denen wir keinen Kontakt haben können? Gibt es Leben auf anderen Planeten? Vielleicht sogar einen, auf dem die Bewohner nicht krank werden und so lange leben können, wie sie möchten?

Ob Gott die guten Seelen ausgehen, weil er auch Kinder zu sich holt? Kinderseelen sind voller Liebe, voller Harmonie. Braucht er Verstärkung, weil er die große Welt nicht mehr allein in den Griff bekommt? Aber warum Kinder? Sicher, weil er weiß, dass sie schlauer sind, als die Großen immer denken.

Die Welt sieht heute ganz anders aus als die, die Gott vor langer, langer Zeit erschaffen hat. Schuld daran ist wohl die Schlange … Ich finde, Gott hätte sie nicht erfinden müssen. Dann hätte Eva nicht gesündigt, und die Welt wäre noch immer ein Paradies. Mensch, Eva – wir Mädchen sind ganz schön blöd!

Gott hat schon viele Millionen Jahre auf dem Buckel! Wenn er wirklich der Schöpfer der Welt ist, dann muss er ja älter als die Welt sein!

War er je so klein wie meine Schwester? Wenn er so alt geworden ist, weil er den Menschen ihr Leben wegnimmt und es sich selbst schenkt, wäre ich echt sauer. Erst schenkt er uns ein Leben, dann nimmt er es uns ganz schnell wieder weg. Aber so alt zu werden wie Gott, das ist bestimmt nicht einfach. Da macht es Sinn, dass wir nur ein Leben haben. Oder mehrere, die nach einer gewissen Anzahl von Jahren ablaufen? Und ein Leben ähnelt dabei nie dem anderen? Wie jung wir Menschen doch sterben im Vergleich zu Gott. Und wie alt wir werden im Verhältnis zu den Blumen auf einer Sommerwiese. Für mich wären neunzig Jahre schon genug. Ich hätte mir nie so ein langes Leben wie das von Gott gewünscht. Ich dachte eher bescheiden. Auch mit Mukki in mir wäre ich schon gern ein wenig älter als dreißig geworden.

Wird eigentlich mehr gestorben oder mehr geboren?

An manchen Tagen fühlte ich mich echt im Stich gelassen. So dachte ich mir eines Abends »Santus« aus, meinen ganz persönlichen Schutzengel. Und der wohnte von da an in mir. Wann immer ich wollte, führte ich Zwiegespräche mit Santus. Er musste mich einfach hören. Ich war seine Schöpferin, und mein Körper war sein Revier. Ich kam mir überhaupt nicht albern vor. Kinder sprechen auch mit ihren Puppen. Meinen Teddy Bruno konnte ich anfassen. Santus konnte ich spüren. Und was ich dabei spürte, existierte für mich. Das Wesentliche kann man eh nicht sehen. Das heißt aber nicht, dass mein Bruno nicht wesentlich gewesen wäre!

Abschied

✦ ✦ ✦

Wenn es mir schlechtging, das Atmen mir schreckliche Schmerzen bereitete, dann hatte ich mich gar nicht mehr lieb. Ich fand mich dann auch immer hässlich. Weil ich so ungerecht war, bekam ich schlechte Laune. Und die ging so weit, dass ich mir in solchen Momenten ein Datum für meinen Todestag wünschte.

An so einem Tag schaute ich in Mamas Küchenkalender und blätterte vor bis zum siebzehnten Juni.

Es sollte auf jeden Fall ein Sonntag sein. Sonntage mochte ich am liebsten. Sonntags ist es nicht so hektisch wie wochentags. Sonntags war Familientag, und meistens gab es Fahrten in den Zoo. Dort fühlte ich mich an die Zeit erinnert, in der ich so klein wie Jessi war. Eine Zeit, in der ich Wörter wie Mukoviszidose und Stoffwechsel nicht kannte. Als Kind dachte ich an Husten, Fieber oder Masern, wenn ich an Krankheiten dachte.

Die Zeit verflog, und plötzlich war er da, der siebzehnte Juni, ein Sonntag. Auch an diesem Sonntag machten wir einen Ausflug. Dieses Mal ging es aber nicht in den Zoo, sondern wir veranstalteten ein großes Picknick. Papa setzte mich auf dicke Decken in unsere alte Gartenschubkarre. Zwischen meinen Beinen saß Jessi. Mama nahm einen Kassettenrekorder mit.

Jeder sollte sich eine Geschichte ausdenken, die sie aufnehmen wollte. Ich erzählte von einer Prinzessin. Sie hatte unterschiedlich große Füße und traf einen Prinzen mit unterschiedlich langen Armen. Beide lebten sie im Wald. Mama hat sich schlapp gelacht. Sie fand meine Geschichte wirklich komisch. Aber was war daran so komisch? Es ging immerhin um zwei Menschen, die anders waren und die sich nur oder gerade wegen ihrer Gemeinsamkeit, körperlich anders zu sein, nahestanden und liebgewonnen hatten.

Als wir nach Hause kamen, war ich erschöpft und völlig kraftlos. Mir war schwummrig, ich hatte Atemnot, musste ans Beatmungsgerät und Medikamente schlucken, die kaum noch wirkten. Dazu kamen Kopf- und Bauchschmerzen, als hätte ich einen Presslufthammer in mir. »Lieber Schmerz, lass mich doch mal kurz in Ruhe! Santus, tu was! Ich will mehr Luft!«, hauchte ich.

Mama verabreichte mir vorm Schlafengehen einen Saft, der genauso ekelhaft schmeckte, wie er roch. Wie sollte mir eine Medizin helfen, die mir nicht schmeckte?

Weil ich zunehmend schwächer wurde, ging ich immer seltener meiner Lieblingsbeschäftigung, dem Briefeschreiben, nach. Klara hatte mir deshalb einen kleinen Kassettenrekorder ans Bett gestellt, und ich hatte ihr schon zwei Kassetten aufgenommen. Klara hatte mir auch eine von sich geschenkt. Meine Aufnahmen nutzte ich dafür, um Klara und den anderen schöne Erinnerungen und liebe Worte zu hinterlassen. Wie einfach es auf einmal war, Gefühle auszusprechen. Ich habe mich ein bisschen dafür geschämt, dass mir manchmal der Mut fehlte, meiner Familie und meinen Freunden direkt ins Gesicht zu sagen, wie lieb ich sie hatte. Natürlich wollte ich auch ein wenig mein Leid klagen. Wenn man sein Leid rauslässt, kann es viel, viel kleiner werden.

Ich musste Klara versprechen, erst dann ihre Kassette einzulegen, wenn es mir ganz, ganz, ganz schlechtginge. Früher wäre ich vor Neugierde gestorben, jetzt konnte ich mich gut beherrschen. Ich wollte nicht wahrhaben, dass der ganz, ganz, ganz schlimme Augenblick gekommen war.

Meine Aufnahmen an Klara sollten mein letztes Geschenk an sie sein. Meine Lieblingshose und das grünkarierte Halstuch hatte ich ihr schon vor langer Zeit geschenkt. Sie sollte auch meinen Teddy Bruno haben, aber Klara hatte das strikt abgelehnt: »Bruno hat dich bis heute immer begleitet. Wann immer du deine letzte Reise machst – Bruno muss bei dir sein!«

Für Klara gab es zwischen Gestorben- und Totsein einen himmelweiten Unterschied: Wenn ich gestorben sei, sagte sie, sei ich kein Stück tot für sie. Sterben war für sie weggehen, tot sein hieß in ihren Augen, ausgelöscht zu sein. »Solange die Erde lebt, die Welt atmet, bleibst du ein Teil von ihr. Genau wie ich und jeder andere! Niemand ist tot, solange man an ihn denkt, Franny!«

Klara machte aber keinen Unterschied zwischen oben im Himmel und unten auf der Erde. Sie wollte einfach nicht wahrhaben, dass wir nur unten auf der Erde gemeinsame Abenteuer erleben konnten.

Sterben – in diesem Wort ist auch das Wort *Stern* verborgen. Ich würde gern ein Stern sein! Wenn jemand stirbt, leuchtet ein Stern mehr am Himmel. Das erklärt wohl auch die vielen, vielen tausend Lichter am Himmel!

Oh, wie ich Klara liebte! Ich würde sie sehr vermissen – wenn man im Himmel solche Gefühle überhaupt haben kann. Wenn Klara bei mir schlief, lasen wir uns gegenseitig aus »Der kleine Prinz« vor. Sie war mein Prinz, ich ihre Rose. Immer wieder las sie mir meine Lieblingsstellen vor. Neben Mama konnte nur Klara so schön lesen. »Was wichtig ist, sieht man nicht. Das ist wie mit der Blume. Wenn du eine Blume liebst, die auf einem Stern wohnt, so ist es süß, bei Nacht den Himmel zu betrachten. Alle Sterne sind voll von Blumen. Du wirst in der Nacht die Sterne ansehen.«

Oder: »Was bedeutet ›Zähmen‹? – Es bedeutet, sich ›vertraut machen‹. – Vertraut machen? – Gewiss, wenn du mich zähmst, werden wir einander brauchen. Ich werde für dich einzig sein in der Welt. – Ich verstehe. Es gibt eine Blume …«

Klara und ich haben uns auch gezähmt! Ich glaube, es passierte schon in dem Moment, in dem wir uns zum ersten Mal begegneten.

Müde vom Picknick lag ich in meinem Bett und konnte mich nicht länger ertragen. Es sollte endlich so weit sein! Etwas fühlte sich anders an als sonst. Ganz tief in mir, in meinem Herzen. Hatte Gott mich erhört? Ich betete ein letztes Mal zu ihm. »Lieber Gott, ich bitte dich, mich noch heute zu dir zu nehmen! Schalte meine Lebensknöpfe endlich ab! In meinen ersten Gebeten konnte ich nicht danke sagen für das Leben, das du mir geschenkt hast. Nun, wo du es mir nehmen darfst, kann ich das endlich nachholen. Verrückt, was? Du lässt mich sicher nicht allein. Ich danke dir für die Dinge, die ich erlebt habe. Alles tut jetzt weh wie nie zuvor. Die Luft wird immer dünner. Ich kann und will nicht mehr die starke Franny sein! Danke. Danke, dass ich auf dieser Erde sein durfte – auch wenn es kürzer war, als ich mir gewünscht habe! Bis gleich! Ich bin sehr aufgeregt, aber Angst habe ich keine mehr. Hörst du mich, hast du gerade Zeit für mich? Ach, und danke, dass ich heute noch das Picknick erleben durfte.«

Ein kurzes Schlussgebet wollte ich Mama und Papa widmen: »Ihr dürft nicht aufhören, zu glauben und zu beten. Ich erinnere mich nicht an meine Zeit als Baby, aber ich glaube, sie war gut. Ich kann das sagen, weil ich sehe, wie Jessi aufwächst. O bitte, lieber Gott und alle himmlischen Wesen, schickt ganz viele Schutzengel zu meiner Familie, solange ich noch keiner sein kann. Amen.«

Nicht ganz einfach, wenn man sich vornimmt, so große Worte zum Abschied zu machen. Noch dazu an seinem vielleicht letzten Abend. Gesunde Menschen haben vielleicht ein Leben lang für so etwas Zeit. Obwohl: Was bedeutet schon lebenslang? Ich hielt keine sechzehn Jahre lang. Kurz.

Trotzdem, warum sagt man sich nicht häufiger, wie lieb man sich hat? Wie schrecklich, wenn man sich morgens streitet und abends zum Vertragen nicht nach Hause kommen kann, weil man plötzlich gestorben ist. Oder weil man nach einem Unfall sein Gedächtnis verloren hat und sich an nichts erinnern kann. Auch nicht mehr daran, wie Liebe sich mal angefühlt oder wie man sie ausgedrückt hat.

Ich hatte mich ausreichend auf meinen Abschied von der Erde vorbereitet. Und die Erde sicherlich auf den von mir. Jetzt sehnte ich mich nach dem Neuanfang.

Ich wollte etwas Neues als jemand Neues anfangen. Sterben, das ist sicherlich wie tausendmal Dornröschenschlaf. Schlafen tut nicht weh. Wenn ich am nächsten Morgen nicht mehr aufwachen würde, dann würde das nur denen weh tun, die mich nicht wach bekommen. Mir selbst fehlen kann ich ja nicht.

Die Zeit hatte auf einmal einen Affenzahn drauf! Als Mama in mein Zimmer kam, bat ich sie um eine neue Herzwärmflasche. Wärme tat so gut. Ich bat sie ein allerletztes Mal! Und so kam Mama kurz darauf zurück und legte behutsam das kleine Herz auf meinen Bauch. Ich griff nach Klaras Kassette und bat Mama, sie einzulegen. »Liebling, was ist mit dir? Soll ich versuchen, deine Schmerzen wegzumassieren?« Mama hatte einen besorgten Gesichtsausdruck. Ihre Pupillen wirkten riesengroß, wie schwarze Planeten.

»Nein, Mami, ich möchte nur Klaras Kassette hören!«

Mama und ich sahen uns schweigend an. Wie sehr ich sie liebte! Mama hatte so wunderschöne Augen. Und wenn sie mich ganz ruhig anschaute, überkam mich immer eine große Welle voller Dankbarkeit und Liebe. Ich bin ganz sicher: Was ihre Augen gesehen haben, wird ihr Herz auch in Zukunft sehen. Mich zum Beispiel.

Mama legte die Kassette ein und drückte auf den Startknopf. Dann verließ sie das Zimmer. Im Türrahmen drehte sie sich noch einmal um zu mir, bevor sie im Flur verschwand. Ich faltete meine Hände wie zum Gebet und dachte an Klara. Dann lauschte ich ihren Worten:

»Liebes Frannchen! Ich werde immer deine beste Freundin bleiben, darauf kannst du dich verlassen! Selbst der Tod kann doch keine Freundinnen trennen! Es wird schwer ohne dich hier unten – doch du hast einmal gesagt, am schwersten wäre es gewesen, uns nicht gekannt zu haben! Genau!

Weißt du was? Ich habe noch ein paar Sachen herausgefunden, die ich megaspannend finde. Und du weißt ja, dass beste Freundinnen sich immer alles erzählen. Also: ›Seele‹ bedeutet im Griechischen ›die zum See Gehörende‹. In vielen Religionen ist die Seele etwas Besonderes, meist Unsterbliches, genau wie Gott – daher ist die Seele von Gott geschaffen. In der Bibel spricht man vom ›Tod der Seelen‹, dann wieder von der ›Errettung der Seele‹, verstehst du das? Weißt du, dass die Seele entstanden ist, nachdem Gott den Körper des Menschen aus Erdreich geformt hatte? Er hat dem Körper einfach den Geist eingehaucht! Sein Atem ist in uns.

Also, ich bin sicher, Gott gibt es bestimmt! Geist und Seele sind nicht dasselbe, aber der Unterschied ist jetzt egal. Deine gesunde Seele wird sich bald aus deinem kranken Körper schleichen. Einem Körper, der nur geliehen war. Die Seele aber ist es nicht, die reist auf ewig mit dir. Die Seele bist DU. Franny ist Seele!

Haut, Knochen und Muskeln gehen weg – keine Angst, das merkst du nicht –, aber deine Seele kann nicht sterben. Sie ist nicht zusammengesetzt und kann daher nicht kaputtgehen! Und weh tun kann sie auch nicht, im Gegensatz zu deinem Körper. Gott hat nichts umsonst erschaffen; im Nichts zu enden wäre ja auch Quatsch. Logisch, oder?

In der Bibel steht, dass die, die Gutes getan haben, weiterleben, auferstehen, und die, die auf der Erde Böses getan haben, vorm ›Jüngsten Gericht‹ erscheinen müssen. Das musste ich aber nicht genauer nachschlagen, weil du in meinen Augen der beste Mensch überhaupt bist und immer bleiben wirst! Dir kann also nichts passieren.

Weißt du, was mich wirklich ärgert? Dass wir nie zusammen verreist sind. Wäre ich im letzten Jahr bloß mit euch an die Ostsee gekommen! Und Paris? Unser Besuch auf dem Eiffelturm steht noch aus! Du hattest diese blöde Wette gegen mich verloren und ich die Eintrittskarte gewonnen. Hast du das noch drauf? Na, immerhin kannst du Paris nun als Erste von uns beiden sehen und hast dabei die schönste Aussicht dieser Welt! Ich wünsche dir eine schöne Reise in dein neues Zuhause. Freue dich drauf, dass du deine Schmerzen für immer verlierst. Aber bitte vergiss uns niemals!

Ach, und ich habe mich noch gefragt, ob du mit einem gesunden Menschen tauschen würdest? Ich würde das ja sofort tun, aber ich höre dich sagen: Mit jemand anderem tauschen? Hey, dann wäre ich nicht die Franny, die ich bin. Ich habe das erlebt, was zu mir passt, nicht zu jemand anderem, der ich niemals sein will, sein kann und sein werde. Was passiert, passiert nur mir allein und gehört zu Frannys Lebensplan. Das Bild setzt sich aus vielen kleinen Mosaiksteinchen zusammen. Meine Steinchen waren eben größer, dafür ist meine Leinwand kleiner. Wenn wir sterben, ist das Bild komplett. Nicht wahr? So in etwa würdest du doch reden!

PS: Und noch etwas – solltest du wiedergeboren werden, sorge bitte dafür, dass du in meinen Körper kommst. Dann sind wir endlich wieder eins, und unsere beiden Seelen wohnen dann in mir!

Ich hab dich lieb, Franny, bis in alle Ewigkeit! Und bis ich dir eines Tages folge, bleibe ich sowieso deine beste Freundin, und du bleibst meine. Das werde ich immer allen erzählen! Komme, was da wolle! Kuss und tausend Umarmungen. Dein Klärchen.

PPS: Du bist Gott bestimmt schon etwas näher als ich, vielleicht ziehst du bald bei ihm ein. Bis meine Gebete bei ihm ankommen, vergeht ein bisschen Zeit, denke ich. Wie lange brauchen Gebete, bis sie oben ankommen? Würdest du Gott fragen, ob kleine Menschen eigentlich auch große Seelen haben und große Menschen auch kleine? Womit füllt man eine Seele, damit sie groß wird? Vielleicht schickst du mir die Antwort per Gedankenübertragung? Und sollte ich das vor dir herausfinden, schick ich dir die Antwort im Gebet nach oben!

PPPS: Ich habe ja gesagt, du sollst diese Kassette erst hören, wenn es dir ganz, ganz besonders schlechtgeht. Nun geht es mir ebenfalls ganz schlecht, weil dieser Augenblick gekommen ist.«

Das tat gut, und gleichzeitig tat es weh. Nun für immer voneinander getrennt zu sein. Nicht unsere

Seelen und nicht unsere Herzen, aber unsere Körper, die einander so oft und gern umarmten! Es war auch nicht beruhigend, zu wissen, dass Klara mir eines Tages folgen wird. Das konnte hundert Jahre dauern, wenn sie Glück hatte. Ob es für manchen Gesunden kein Glück bedeutet, so ein hohes Alter zu erreichen?

Mama und Papa hatte ich vor längerer Zeit schon etwas aufs Band gesprochen. Meine Liebe für sie ist unendlich. Unendlich wie das Universum. Unendlich? Gibt es tatsächlich etwas, das kein Ende hat? Wenn man das Ende nicht sehen kann, ist es dann vorstellbar? Wozu sich denn noch Gedanken machen … Ge-*danke*-n. Nein danke! Ist Gott unendlich? Könnte er sich umbringen? Oder übernehmen die Menschen das für ihn, wenn sie gar nicht oder nicht mehr an ihn glauben?

Ich will nicht, dass die anderen lange traurig sind. Ich bin ganz bei denen, die an mich denken, bin tief verankert in ihren Herzen. Klara war auch immer bei mir, wenn ich nur an sie dachte. Wie sagte der »kleine Prinz«? »Man sieht nur mit dem Herzen gut. Das Wesentliche bleibt für die Augen unsichtbar.« Viele Menschen kennen diese Worte, aber verstehen sie auch alle? Klara ganz bestimmt!

Mama und Papa und all die anderen sollen wieder lachen. Ich lache auch, über das Glück, dass ich bei ihnen war. Und über all den Unsinn, den wir gemacht haben. Mama und Papa als Clowns verkleidet, Jessi und ich als gruselige Hexen. So sind wir an Halloween durch die Nachbarschaft gezogen. Ich habe jedem, der uns nichts in unsere Tüte gab, eine Stinkbombe in den Briefkasten geworfen. Heute schäme ich mich dafür. Aber nur ein bisschen. Na ja, nicht wirklich. Geradeso wenig wie die, die Kindern an Halloween weder Süßes noch Saures geben.

Meine Familie und meine Freunde sollen sich freuen. Nicht nur weinen. Was hat Mama immer zu uns Kindern gesagt? »Nur ein strahlendes Gesicht ist ein schönes Gesicht!« Wenn ich nach unten in weinende Gesichter schauen muss, ist das auch kein schöner Anblick. Und es ist schlimm, wenn ich meine Lieben leiden sehe und sie doch nicht trösten kann.

Die Zeit rannte. Bald würde Montag sein. Panik überkam mich. Schnell wollte ich mich weiter an noch mehr erinnern, bevor ich für immer »Gute Nacht« sagen würde. Mein Herz raste.

Ich habe gelesen, dass die Menschen auf den Anfang und das Ende ihres Lebens innerlich selbst zusteuern können. Und dass es möglich ist, vor diesem Leben schon ein anderes gehabt zu haben. Wer oder was ich wohl war? Ich bin sicher, ich war Lehrerin.

Ob bei der Zeugung wirklich nur der Körper entsteht? Zelle für Zelle entwickelt sich der kleine Rumpf. Die Seele kann man nicht zeugen, sie entsteht woanders und schleicht sich in den Körper, was sicherlich direkt nach der Zeugung passiert. Oder bereits davor? Ohne Seele könnte sich ein Körper gar nicht entwickeln. Klara war anderer Meinung. »Die Seele schwebt bestimmt erst bei der Geburt in den Körper, weil sie in eine ausgewachsene Hülle schlüpfen muss.« Aber wenn eine schwangere Frau mit ihrem Baby im Bauch spricht, es fühlt, dann unterhält sie sich doch nicht nur mit dem kleinen Körper?

Und was war mit der Arbeitskollegin von Papa? Der Körper des Babys wäre bestimmt nicht gestorben, er besteht ja zunächst nur aus Bausteinen, die nicht beschließen können, nicht mehr wachsen zu wollen, außer sie haben sich falsch zusammengesetzt. Der Bauch einer Mama muss das Bett eines kleinen Engels sein. Und doch kann ein Kind aus seinem Bettchen fallen. – Ich denke, die Seele kehrte wieder um. Als Mama mit Jessi schwanger war, hat sie gespürt, dass Jessi auf bestimmte Musik reagierte. Das macht doch nicht der Körper! Dem allein kann es doch schnuppe sein, ob Mama Vivaldi oder Elvis Presley hört. Vivaldis *Vier Jahreszeiten* mochte ich besonders gern. Onkel Edi erklärte, ein

Menschenleben kann man auch in Jahreszeiten einteilen. Ich hatte mir das Alter, also den Winter, sehr gewünscht. Nun legte die letzte Jahreszeit ihr Kleid über mich, obwohl ich mit fünfzehn Jahren noch mitten im Frühling stand.

Wenn die Seele in den Körper geht, wo ist sie nur entstanden? Im Himmel? Somit wäre der Himmel die Heimat der Seelen, die von dort aus den Körpern zugeteilt werden. Liebe Engel, nehmt meine Seele und bringt sie nach Hause. Klara glaubt, ein Körper sei geliehen. Ist es die Seele auch?

Wer hat denn nun Gott zum *Er* gemacht? Vielleicht ist Gott ja eine *Sie*? Welches Geschlecht er auch immer hat – ich glaube, Gott schafft die Seele, und die Eltern helfen, den Körper zu machen. Und wenn Gott die Seele macht, dann kann er nichts für einen kranken Körper. Wenn das so ist, warum schimpfen alle auf Gott und geben ihm die Schuld an allem Übel? Die Menschen meckern immer mehr, als dass sie danke sagen. Wie sähe diese Welt wohl aus, wenn alle glücklich wären?

Wenn man jemandem die Schuld an etwas gibt, dann gibt man ihm auch Macht. Wer Macht hat, kann Dinge steuern, zum Guten wie zum Schlechten. Ich tue das nicht. Ich suche keinen Schuldigen mehr für meine Krankheit. Die Macht eines Steuermanns habe ich längst verloren.

Alle Lebewesen haben eine Verabredung mit dem Leben. Mein Kinderzimmer war voller schöner Spielsachen. Mein Bruno aber blieb von allen Geschenken am längsten. Ein Date kann kurz oder lang sein. Jetzt hatte ich die Wahl, wütend zu werden, weil meine Verabredung mit dem Leben vielleicht bald enden würde. Ich konnte mich aber auch im Dankesagen üben. Für jeden Augenblick, in dem meine Augen sehen und meine Ohren hören durften, in dem mein Herz empfinden, meine Zunge schmecken und meine Nase riechen durfte. Sich zu bedanken, wenn man eigentlich wütend und traurig ist, kostet viel Kraft. Für mich lohnte es sich, es fühlte sich sehr befreiend an. Und ich wollte auf keinen Fall als miesepetriger Untermieter bei Gott einziehen!

Im Kopf spulte ich Klaras Kassette noch einmal zurück. Ich war gerührt. Klara hatte mich lieb. Es stirbt sich leichter, wenn jemand dich liebt. Ich war bereit. Dieser Sonntag passte ganz perfekt – sofern man das so sagen kann. Immerhin war ich an einem Sonntag auf die Welt gekommen.

»Weißt du, dass Sonntagskinder Glückskinder sind?«, hat Oma mich mal gefragt. Sie tat richtig neidisch, weil sie an einem Dienstag geboren wurde. »Scheinbar werden Dienstagskinder aber viel, viel älter, Omi!«

Als Sonntagsglückskind empfand ich mich nun wirklich nicht, auch wenn ich viele Jahre lang glücklich war. Dieser siebzehnte Juni würde aber ein guter Tag sein, um Abschied zu nehmen. Mich von meinem Körper zu befreien. Ich hoffte sehr, dass Gott mitspielte. Ihm blieben keine drei Stunden mehr, um meinen letzten Wunsch zu erfüllen. Wissen die da oben, wie kurz drei Stunden sind?

Ich hörte mein Herz in meinen Ohren rauschen. Ich flüsterte in mich hinein, zu Santus, bat ihn, mir beizustehen. Gleich wollte ich nach Mama und Papa rufen. Jessi schlief schon längst.

Mit letzter Kraft griff ich nach dem kleinen Foto auf meinem Nachtschrank. Es zeigt Jessi und mich im Freibad. Zärtlich legte ich es mir auf meine Brust. Als ich den Bilderrahmen wieder zurückstellen wollte, schwand meine Kraft. Das Bild rutschte mir aus der Hand und fiel zu Boden. Das Glas zerbrach. Scherben bringen Glück.

Woran sich Jessi wohl am meisten erinnert, wenn sie an mich denkt? Und Mama, Papa, Klara und all die anderen? Hatte ich, hatten wir, ausreichend für Erinnerungen gesorgt?

Eltern müssen sich mit dem Sterben ihres Kindes abfinden. Wie soll das gehen? Die Kraft, um weiterzuleben, müssen sie von den Schutzengeln bekommen. Eltern haben keine Wahl. Aber solange sie leben, lebt auch ihr Kind in ihnen weiter. Keine Wahl zu haben, ich weiß, wie das ist! War es eine Laune der Natur, war es Schicksal, oder war ich manchmal doch zu frech gewesen? Wer braucht mich denn da oben schon so schnell? Warum ist meine Zeit auf Erden nur so kurz bemessen? Warum muss ich mein Leben schon abgeben? Jedes Leben ist doch ein Geschenk. Seit wann müssen Geschenke wieder zurückgegeben werden? War mein Leben eine Leihgabe? Konnte es keine Kopie von ihm geben? Kein Ersatzleben? Hätte ich meine Krankheit doch verhindern können? Werden die Wissenschaftler eines Tages Wunderpillen gegen Mukki erfinden?

Ich hatte so viele Fragen an Gott: Woraus besteht Gott, wenn man an ihn glaubt, ihn jedoch niemals sehen kann? Hieß er schon immer »Gott«? Gefällt ihm sein ewiges Leben? In »Hallo, Mister Gott, hier spricht Anna« sagt Anna: »Das meiste von einem Engel ist innen, das meiste von einem Menschen ist außen. Wenn ich sterbe, dann tu ich das selber. Niemand tut es für mich. Wenn es so weit ist, dann stell ich mich hin, dann guck ich rum, dann lach ich, dann fall ich hin und bin tot.« Das fand ich toll. Aber Anna war nicht an einer Krankheit gestorben. Und daher blieb meine wichtigste Frage an Gott natürlich: Warum kann er Krankheiten nicht abschaffen? Lernen wir nur durch doofe Sachen, die uns passieren, das Leben zu schätzen? Mir hätte ein Unfall doch gereicht! Warum geht der Körper kaputt, wenn die Seele heil ist? Woraus besteht nun die Seele? Oder: Wie kriegt Gott einen Regenbogen hin? Wie stellt er überhaupt die schönen Farben her?

Ich wusste, dass ich im Himmel nicht allein sein würde. Wo kämen die Seelen denn sonst hin, wenn nicht zu einer göttlichen Sammelstelle in eine himmlische Schatztruhe?

Noch wenige Stunden, in Minuten zählbar, dann würde der Montag anbrechen! In weniger als zwei Stunden würde der siebzehnte Juni vorbei sein. Auch dieser Tag musste sterben – ihn würde es nicht noch einmal geben. Nicht mit dieser Jahreszahl! Ich schaute mich in meinem Zimmer um: Fünfzehn Jahre habe ich in diesem Raum gewohnt. Was habe ich hier gelacht, geweint, geträumt …

Niemand anderer als du steckt in deinem Körper. Wir haben Freunde und Familie. So sind wir nicht allein, aber einsam können wir trotzdem sein. Jeder kann tun, was der andere tut, aber keiner kann fühlen, was der andere fühlt. Andere können deine Haut anfassen, aber nicht dein Herz. Das Kostbarste ist eben innen. Heißt es: Jemand hat eine gute Seele, oder sagt man: Er ist eine gute Seele? Wann ist er eine gute Seele, wann hat er ein gutes Herz?

Im Himmel bin ich weder allein noch bin ich einsam. Im Himmel sind alle Seelen beisammen. Und weil ich da oben nicht weinen kann und keine Schmerzen mehr habe, bleibt nichts, was ich fürchten muss.

Nein, ich habe keine Angst mehr vor dem Tod. Ich weiß, dass ich nicht tot sein werde. Die Erinnerung und der Gedanke an mich werden Franny unsterblich machen. Nur die Orte, von denen aus wir aneinander denken, liegen etwas weiter auseinander. Aber Liebe kennt keine Distanz, weil man mit dem Herzen am besten sieht. Im Herzen liegt alles dicht beisammen.

Angekommen

***

Ich habe es geschafft! Es ist unglaublich, Oma Lilly hatte recht. Wenn Herr Tod kommt, ist es wie eine Wanderung durch Licht. Es ist grell wie hundert Blitze auf einmal. Wahrscheinlich, damit man nicht sieht, wie sich die Seele aus dem Körper schleicht. Meine Seele und mein Körper waren über fünfzehn Jahre lang unzertrennlich. Nur der Tod konnte die beiden voneinander trennen. *Der* Tod! Das klingt schon wieder männlich. Schön, dass es *die* Liebe heißt!

Es tat kein bisschen weh! Und es war ganz leise! Das ist wohl die Bedeutung von »Totenstille«! Meine Angst ist verschwunden und mit ihr meine Schmerzen. Alles einfach weg! Es war so heiß auf dem Weg nach oben, als würde ich ins Innere der Sonne fliegen! Ich schwebte durch diesen Lichttunnel, und plötzlich war ich an diesem unbeschreiblich hellen Ort. Ein Mensch bin ich nicht mehr, nur noch ein Hauch. Ein Hauch von Seele. Meiner Seele. Doch ich spüre, dass ich bin! Ach, wenn Klara das nur wüsste!

Meine Seele fällt nicht auseinander. Ich bin nicht traurig. Ich kann nicht weinen. Hier im Himmel spüre ich, dass nichts wirklich endet. Der irdische Körper geht kaputt und löst sich auf, aber die Seele kann nicht auseinanderfallen. Bin ich jetzt unsterblich? Meinen Körper vermisse ich nicht. Ihn brauche ich hier oben nicht.

Warum bekommt etwas Sterbliches wie ein Körper auf Erden nur so viel Aufmerksamkeit? Manche Menschen tun viel für einen schönen Körper, kümmern sich aber weniger um eine schöne Seele. Gott schenkt uns eine, formen dürfen wir sie selbst. Die Seele hat Bestand, der Körper nicht. Die Schönheit eines Körpers kann vergehen, ein schönes Herz und eine schöne Seele nicht. Der Körper wird alt, die Seele wird reif und weise.

Es ist zwar aufregend hier oben, doch wie gern würde ich mal kurz nach unten fliegen. Für einen Tag die Welt ein Stückchen besser machen. Ich würde erzählen, wie sich Frieden anfühlt. Ihr Menschen habt die Möglichkeit, Frieden zu schaffen, und das ist so viel einfacher, als Krieg zu machen. Was für eine Verschwendung von Leben und Natur sind Streitereien und Kriege, wenn ein Leben so kurz sein kann!

Im Himmel habe ich nach Uroma Ilse und Timo gerufen. Ich konnte niemanden spüren, und doch war irgendetwas da. Ich glaube, hinter jedem kleinen Lichtblitz, hinter jedem Stern, versteckt sich jemand. Darum gibt es ja die Sterne – damit die verstorbenen Seelen von der Erde aus gesehen werden können. Wenn es blitzt, denke ich, dass eine kleine Seele aus dem Himmel die Menschen auf der Erde anfaucht. Und der Donner könnte das laute Schimpfen der großen Seelen sein.

Der Himmel ist riesengroß und unendlich weit! Die Seelen hier drängeln nicht und nehmen niemandem den Platz weg. Auch wenn gute Menschen bestimmt größere Seelen haben als böse Menschen, spielt hier die Größe keine Rolle. Außerdem kann ein kleiner Mensch eine große Seele haben und ein großer Mensch eine kleine. O Klara …

Hier verständigen sich alle auf ungewöhnliche Weise. Noch habe ich das nicht kapiert, doch will ich geduldig sein. Ich hätte nie gedacht, dass man sich hier überhaupt verständigen kann. Schade, dass die Kommunikation auf der Erde so einseitig ist. Ich erinnere mich, wie gern ich Taubstumme beobachtete. Ihre Gebärdensprache faszinierte mich, und mich faszinierte, dass sich Taubstumme bei einer Unterhaltung die ganze Zeit anschauen. Sprechende blicken sich oft nicht an. Dabei können Augen so viel sagen!

Ganz umsonst war meine Angst, keinen lieben

Seelen zu begegnen. Hier herrscht Frieden. Hier streitet keiner. Und wer früher mal gemein und unartig war, ist jetzt gut. Hier braucht keiner böse zu sein, was sehr erleichternd und erlösend ist. Gemein zu sein wäre auch viel zu anstrengend. Warum wusste ich das bloß nicht früher? Wer hier ist, darf ein Engel oder Wächter werden. Hier können alle früher oder später eine Aufgabe bekommen. Ich hätte gern schon morgen einen Job als Engel, auch wenn ich unendlich viel Zeit habe und niemand mich hetzt. Ein zweites Mal sterben kann ich bestimmt nicht.

Etwas zu vermissen, so was gibt's hier oben nicht. Meine neue Heimat erinnert mich daran, wie ich mir das Paradies vorgestellt habe. So still und friedlich wurde bestimmt die Welt geboren. Ich habe am ersten Tag rund hundert Mal nach Gott gerufen, bis ich mich an Mamas und Omas Worte erinnerte: Gottes Sprache funktioniert anders. Gott hat keine Stimme. Er kommuniziert mit uns durch kleine und große Zeichen. So wie die Sprache der Liebenden auch keine Stimme hat, weil verliebte Herzen sich wortlos miteinander verständigen können.

Gott scheint tatsächlich alles zu sein! Er ist der Himmel, die Erde, die Zeit und das Licht. Gott ist der Mensch, das Tier, die Blume, die Wolken, die Luft. Er schuf die ganze Welt, das Universum. Warum handeln die Menschen so, als seien sie die Herrscher der Erde? Gott bleibt der große Chef von allem, was wir uns erklären und nicht erklären können, was wir betrachten können und was für uns unsichtbar bleibt. Wenn die Großen sagen, Gott ist in jedem von uns – dann frage ich mich, wenn Gott ja viel größer ist als ein großer Mensch: passt er dann auch wirklich in so kleine Menschen wie meine Schwester Jessy oder andere Kinder rein? Aber vielleicht ist das ja auch eine ganz doofe Frage, denn Gott hat ja keinen Körper!

Zum ersten Mal fühle ich mich größer, wissender und etwas mächtiger als ein Erwachsener. So muss der liebe Gott sich fühlen. Wie ein allmächtiger Riese. Ob er sich auch machtlos fühlen kann? Wenn er allmächtig ist, könnte er die Erde doch als Mensch besuchen, oder? Wenn er mächtig ist, müsste er die Kriege stoppen können! Viele Menschen schimpfen auf Gott. Aber nicht Gott, sondern die Menschen nutzen Waffen, um sich zu bekämpfen und die Welt allmählich zu zerstören. Das hat der Schöpfer nicht gewollt! Und ich kenne auch niemand, der das unterstützt! Aber sind wir mächtiger als Gott? Uns gehört die Erde nicht, wir haben sie doch nicht erschaffen. Wir dürfen sie höchstens bunter und schöner machen. Aber fremdes Eigentum zerstören, das darf nicht sein!

Darf der Schöpfer Fehler machen? Glaubt man nicht mehr an ihn, weil er ein Gebet überhört oder schlimme Dinge nicht verhindert? Wer behauptet bloß, dass allmächtig sein heißt, alle Macht über die Welt zu haben? Gibt es keine Einschränkung? Ich werde es ja bald erfahren …

Meine Krankheit liegt im Sarg, in meinem kranken Körper, zusammen mit Bruno. Langsam löst sich alles auf. Ich denke oft an meinen Bruno und finde es schade, dass er keine richtige Seele hat und unten bleiben musste. So kann Bruno aber auch nicht traurig sein, weil er nicht merkt, ob ich überhaupt neben ihm liege.

Meine Beerdigung hat mir gefallen. Papa hat nach oben in den Himmel gewinkt, nicht nach unten in den Sarg geweint. Er weiß, wie fröhlich in Indien der Tod gefeiert wird. Außerdem weiß er, wie grausam die Vorstellung ist, von unten nicht losgelassen zu werden, während von oben schon »gezogen« wird! Ein toller Brauch, dass die Leute einen feierlich verabschieden, damit die Seele heiter weiterziehen kann. Und wenn es schon die letzte Party ist, dann soll sie wenigstens nicht in Tränen ertrinken.

Wie erleichtert ich bin, dass mein Körper in der Kiste liegt – wie eine leichte Hülle, die nur Schutz für meine Seele und die Schatztruhe für mein Herz war. Nie mehr schleppe ich eine morsche Hülle mit mir herum! Ich bin frei, denn meine heile Seele durfte ihr krankes Gefängnis verlassen.

In Windeseile kann ich die ganze Welt abfliegen. So billig reist man nur als Himmelsbürger! Das Schönste ist, dass ich Orte erreichen kann, die noch unentdeckt sind. Die Welt ist faszinierend schön! Mein erster Flug sollte aber nach Paris gehen. Hinauf auf den Eiffelturm ...

Papa hatte mit mir über verschiedene Arten von Beerdigungen gesprochen, auch darüber, verbrannt zu werden. Wir hatten einen Film gesehen, in dem es um eine Feuerbestattung ging. »Die Menschen in Indien werden verbrannt, damit die Seele sich von der sterblichen Hülle befreien und in einen Kreislauf der Wiedergeburten eintreten kann. Sie wird dann gleich noch einmal woanders hineingeboren«, erklärte mir Papa. Sicher hat Klara den Film auch gesehen, weil sie vorschlug, ich solle versuchen, schnell in ihren Körper zu schlüpfen. Aber – können zwei Seelen in einem Menschen wohnen? Auf jeden Fall hat Papa bei meiner Beerdigung nicht ständig auf meinen Sarg gestarrt. Nur einmal blickte er hinab, als Mama für Bruno eine Nelke ins Erdloch warf. Besonders toll fand ich meinen Sarg: Viele kleine Herzen hatte meine Familie auf das weiße Holz gemalt, auch ein paar Aufkleber erkannte ich wieder – die hatte Jessi aus meiner Sammlung genommen. Ein wunderschöner Anblick von hier oben!

In dem Film über die Bestattung in Indien wurde die Asche nach der Verbrennung in einen heiligen Fluss gestreut. Ich fand das toll. Doch Papa meinte, es sei schöner, wenn die letzte Ruhestätte ein besonderer Platz sei, zu dem man immer wieder zurückkehren kann. Nach dem Film machte ich mir Sorgen, meine Seele würde bei einer Erdbestattung nicht so schnell den Weg aus meinem Körper finden. Vielleicht war das Quatsch, denn Klaras Tante sagte ja, die Seele verlässt den Körper, nachdem das Herz für immer stillsteht. Lange wartet sie auf keinen Fall. Und Papa erklärte mir, dass die Menschen sich nur in ihrem Glauben unterscheiden. Gott ziehe die letzten Fäden und übersehe keinen, egal ob Asche oder Körperhülle. Der Weg nach oben sei immer derselbe, meinte Papa.

Ob die Seele tatsächlich keine Zeit verschwendet, um sich vom Körper zu lösen? »Wenn jemand stirbt, sollte man die Fenster öffnen!«, sagte Klaras Tante. Sie ist Altenpflegerin und muss das wohl wissen. Sie sagte, man sieht dem Körper gleich an, wenn die Seele nicht mehr in ihm wohnt. Ich wünschte mir, ich würde nicht noch hässlicher aussehen. Ich hoffte, ich würde erleichtert aussehen.

Und so war es schließlich auch. Ich habe mein Gesicht gesehen, als ich mich auf der Reise nach oben noch einmal umgesehen habe. Ich lächelte.

Zum Andenken an Oma nenne ich meine neue Heimat »Petrusstadt«! Die dicke Wolke, auf der ich manchmal schwebe oder mich ausruhe, habe ich »Astra« getauft. Sie muss schon ziemlich alt sein, denn sie schwebt nicht mehr so geschwind wie andere. Mein wichtigster Gefährte hier oben ist Archibald. Er kümmert sich um Neuankömmlinge und kontrolliert die Sterne, wenn er gerade keinen Auftrag auf der Erde hat. Er ist bestimmt schon lange ein Engel und war früher ein besonderer Mensch. Wäre er schon hundert Jahre hier, dann müsste er die Seele von Chopin, dem Komponisten, oder die von Marie Curie, der Physikerin, kennen.

Ich habe sowohl nach Oma als auch nach Klara je einen Stern benannt. Heute weiß ich, dass man nach dem Tod zwar nicht direkt ein Stern wird, man kann aber leuchten wie einer, damit man auch gesehen wird. Oma und Klara hätten sich über ihren Stern bestimmt gefreut. Sie haben mich immer dafür geschätzt, auf welch merkwürdige Ideen ich kommen konnte oder wie sehr ich kleine Dinge liebte. Besonders Dinge, die man nicht kaufen kann. Man darf nicht blind werden für Kleinigkeiten. In der klitzekleinsten Kleinigkeit kann sich ein riesengroßer Schatz verbergen! Wie der da hineinkommt, fragen sich nur die, die nicht nach innen sehen können wie der »kleine Prinz«.

Ich war stets die, die am häufigsten vierblättrige Kleeblätter fand. Stundenlang konnte ich auf einer Wiese herumtollen, aus Gänseblümchen Haarkränze für Jessi flechten und dabei wie zufällig auf die Glückskleeblättchen stoßen. Für jedes habe ich mir was gewünscht und sie dann jemandem gegeben. Verschenken geht ja nicht, denn das Kleeblatt konnte ja keinem gehören. Natur ist für uns alle da. Was wir nicht selber schaffen, können wir auch nicht verschenken! Einige Blättchen habe ich für mich behalten, sie mir quasi »ausgeliehen«, um sie später Jessi zu geben. Als Talismane. Jessis Danke, wenn ich etwas für sie tat, war für mich mehr ein Danke an die Natur! Einmal fand ich ein schwarzes Kleeblatt. Aus Angst habe ich es nicht gepflückt.

Heute haben wir es wie aus Eimern regnen lassen, und viele Menschen haben geflucht. Wissen sie nicht, wie wichtig der Regen ist? »Oh, wie traurig der Himmel ist, dass er so weint!«, rief ein kleines Kind und lachte sich beim Pfützenspringen mit ihrem großen Bruder ganz kringelig. Wie gern hätte ich bei dem Regen auf einer Wiese getanzt! Wenn hier in Petrusstadt die Gießkanne gehalten wird, dann nicht, um die Menschen zu ärgern, sondern um die Pflanzen zu erfreuen. Es geht nicht immer um die Menschen! Habe ich mich als Mensch eigentlich wichtig genommen? Manche Erdenbewohner stöhnen selbst dann, wenn wir die Sonne ein paar Grade zu heiß einstellen. Es kommt mir vor, als gäbe es auf der Erde mehr unzufriedene als zufriedene Menschen. Das war mir vorher nicht aufgefallen. Warum gibt es kein elftes Gebot, das das Meckern verbietet? Meckern unterdrückt Freude! Ein typischer Spruch von Oma: »Franny, ein Glas ist grundsätzlich noch halb voll, auch wenn es schon halb leer ist! Sieh immer die gute Seite von etwas!«

Ich weiß nicht mehr, wie es sich anfühlt, wenn Regentropfen meine Haut kitzeln, aber ich weiß noch den Unterschied zwischen Gut und Böse. Ich bin so erleichtert, dass es hier oben nichts Böses gibt. Das ist das Geschenk, das Gott uns macht, wenn er uns zu sich holt.

Gott verhält sich wie unsere Eltern, denn er verzeiht seinen Kindern. Und eins weiß ich jetzt sicher: Menschen sind viel grausamer als Gott. Ich bin froh, dass es die Hölle nicht gibt. Nicht einmal für Menschen, die auf der Erde Schlechtes getan haben. Ich bin sicher, kein Mensch wird böse geboren, und wenn er stirbt, ist er es ebenso wenig. So wie eine Krankheit von einem Körper abfällt,

fällt sicherlich das Böse von einer Seele. Hat ein Mensch zu Lebzeiten Unrechtes getan, wird ihm das hier oben nicht mehr vorgeworfen. Ich hoffe, dass nun niemand von euch denkt, er könne weiter böse Dinge tun, weil ihm hier oben nichts passiert. Immerhin könnte es eine Weile dauern, bis er ein Schutzengel wird. Keine Aufgabe zu bekommen, das bedeutet pure Langeweile. Und Langeweile ist wie eine kleine Strafe. Außerdem gibt es so viel zu tun für uns Engel!

Im Religionsunterricht erzählte mein Klassenkamerad Theo von Luzifer, dem Teufel. Er sagte, Luzifer sei ein »gefallener« Engel. Mir fielen so viele Fragen dazu ein, auf die aber selbst Herr Ludwig keine Antworten hatte. »Was ihr nicht versteht, das erklärt euch die Bibel!« Mit dieser Aussage wollte Herr Ludwig uns dazu bekommen, neugierig auf die Bibel zu werden. Typisch Lehrer! Sie machen uns Schülern die Welt noch schwerer, als sie es ohnehin schon für uns ist. In einer anderen Stunde sprachen wir über den Tod. Herr Ludwig las Erlebnisberichte von Menschen vor, die klinisch tot waren, aber wieder ins Leben zurückgefunden haben. Von einem Lichttunnel war die Rede, in den man wie in eine Art Spiegel schaue. Dabei laufe das Leben im Schnelldurchgang noch einmal vor einem ab.

Meine Klassenlehrerin Frau Pauli nahm mich in

einer Pause zur Seite und fragte mich vorsichtig, ob ich vor den Mitschülern über meine Krankheit sprechen wolle. Und ob ich das wollte! Mittlerweile saß ich im Rollstuhl. In den Pausen holte Klara mich ab und schob mich über den Pausenhof. Klara war in der Nachbarklasse.

Endlich war ich Lehrerin, wenn auch nur für eine einzige Schulstunde! Ich saß in meinem Rollstuhl vor dem Lehrerpult, Frau Pauli lehnte an der Tafel hinter mir. Und ich ging gleich in die Vollen, indem ich meine Klassenkameraden bat, ein anderes Wort für »Tod« zu finden. Ich mochte dieses Wort gar nicht. Wer hatte es erfunden, woher stammte es?

»Trauer ohne Dunkelheit?« Christoph unterbrach die nachdenkliche Stille im Klassenzimmer. Ich war beeindruckt. »Dunkelheit ohne Trauer!«, drehte ich den Einfall um.

»Franny, glaubst du, Menschen werden wiedergeboren? Und wenn ja, wer oder was würdest du gern sein wollen? Denkst du, der Tod fühlt sich an wie das Nichts?«

Diese Stunde sollte die letzte gewesen sein, an der ich teilnehmen konnte. Gleich beim Abendbrot stellte ich Mama und Papa die Frage: »Glaubt ihr, es gibt mehr als nur *ein* Leben? Als was würdet ihr gern wiederkommen, wenn ihr wählen könntet?«

Mama und Papa schauten mich erstaunt an. Dann ergriff Papa das Wort: »Ich komme am liebsten als dein Papa wieder. Aber ein Chamäleon zu sein, das würde mich auch sehr reizen. Wir hätten viel Spaß miteinander, wenn ich meine Farben wechseln könnte!« Mama lachte herzhaft auf. »Und ich möchte genau dieses Leben noch einmal führen. Außerdem möchte ich eine berühmte Sängerin oder Autorin sein! Und ...« Mama suchte nach meiner Hand, »... und du wärst vollkommen gesund, Franny!«

Zärtlich drückte ich Mamas Finger. »Und ich möchte mal Gott spielen! Dann würde ich als Erstes dafür sorgen, dass es keine kranken Kinder mehr gäbe!«

Zum Glück erinnert man sich hier oben nur an gute Sachen! Was mit den Seelen ist, die auf Erden nie Glück oder Schönes erfahren haben, will ich noch herausfinden.

Als ich lesen gelernt hatte, kaufte Oma mir die Kinderbibel. Die Geschichte von Jesus hat mich fasziniert. Ich fragte mich: Wenn es einen Gottessohn gibt, warum nicht auch eine «Gottestochter»?

Von den Erwachsenen werden Kinder je nach Bedarf als kleine oder große Menschen behandelt. Wenn Kinder etwas tun sollen, sind sie schon groß. Wenn sie etwas nicht dürfen, sind sie noch klein.

Erwachsene sind merkwürdige Leute. Ich fühlte mich natürlich eher groß, weil ich schon so viel vom Leben verstanden hatte. Klara war manchmal richtig genervt und nannte mich altklug, wenn ich aus ihrer Sicht wie eine Erwachsene daherredete. Onkel Edi sagte: »Wer schwer krank ist, wird schneller weise. Wenn ein Kind sich mit großen Dingen auseinandersetzen muss, reift es innerlich ganz schnell.« Er hat es begriffen – auch wenn ich für viele ein vergleichsweise kleiner Mensch bin, so habe ich doch Großes erlebt. Und das ist allemal besser, als ein Großer zu sein, der sich klein fühlt, weil er weder Großes erlebt noch Großes vollbracht hat.

Wie sich Schmetterlinge im Bauch anfühlen, wenn man verliebt ist, habe ich nicht erlebt. Ich verstand die Großen auch nicht, wenn sie vom »Sinn des Lebens« quatschten. Aber etwas ganz Besonderes habe ich erfahren dürfen. Nämlich was es heißt, sich zu lieben. Mama und Papa liebten sich, und sie waren glücklich. Und ihr Glück übertrug sich auch auf uns Kinder. Liebe ist ansteckend! Es geht etwas ganz Besonderes von Menschen aus, die sich lieben. Ich glaube, Liebende erfinden ihre eigene Sprache. Ich mochte diese besonderen Blicke, die Mama und Papa sich oft zuwarfen. Überhaupt muss es wohl so sein, dass Verliebte ständig den Blick des Geliebten suchen. Sogar ohne Worte konnten Mama und Papa sich verstehen. Mir war schnell klar: Liebe macht ganz stark!

Hass wiederum muss das Schlimmste sein. Wer hasst, ist arm dran. Als mich ein Klassenkamerad einmal fürchterlich angelogen und verraten und mich damit zur Weißglut getrieben hatte, sagte Mama: »Versuche ganz fest, dein doofes Gefühl in Liebe umzuwandeln!« Sie wollte vermeiden, dass ich weiter wütend auf den Jungen war und in Hass verfalle. Negatives, das in einem Menschen gärt, kann nicht gut sein. Außer wenn man etwas Gutes daraus lernt. Für mich heißt das: Was hast du, Franny, aus Mukki gelernt? Es ist eine schwierige Frage, weil die Antwort so schwierig ist.

Ich bekam nie meine Periode, auf die einige meiner Freundinnen mit zwölf Jahren schon stolz waren. Ich tanzte nie in einer Disko und werde nie meinen Führerschein machen, für den Klara schon jetzt einen Teil ihres Taschengeldes auf ein Sparbuch legt. Aber Mama erlaubte mir etwas, was ich unter gesunden Umständen sicherlich noch nicht gedurft hätte. Ich durfte mich ein bisschen schminken. Meine Haut war fahl und grau, und meinen Anblick im Spiegel konnte ich kaum ertragen. Zudem sparte ich heimlich auf eine Perücke mit langem, blondem Haar.

Als Mama das herausfand, weil Klara mich unabsichtlich verpetzte, wurde sie fast böse. »Du bleibst auch außen immer schön, weil du innen schön bist! Wer einen anderen Menschen kennt und liebt, sieht nicht vor allem auf das Äußere, weil er in den anderen hineinschauen kann. Gefühle entstehen innen, nicht außen! Wer innen schön ist, ist es immer auch außen! Wer innen hässlich ist, der strahlt auch niemals Schönheit aus!«

Wir einigten uns schließlich auf hübsche Kopftücher, die mein kurzes, brüchiges Haar verdeckten. Mama schenkte mir meine erste Tönungscreme und zeigte mir, wie man ein bisschen Rouge aufträgt. Vorm Spiegel übte ich den Blick einer Diva, doch wenn ich ehrlich bin, kamen nur Grimassen dabei heraus.

Ich durfte auch andere Dinge sehen und erleben. Bis ich zehn Jahre alt war, besuchten wir jedes Jahr ein anderes Land. Am liebsten bin ich geflogen. Ich schaute aus dem kleinen Fenster und sah unter mir die Wolken. Aber über mir war immer noch so viel Himmel. Es sah aus, als flöge man zwischen zwei Himmeln.

Spannend fand ich den Schiefen Turm von Pisa. Papa hatte einen starken Mann organisiert, der mich tatsächlich bis zur letzten Stufe nach oben trug, weil mir das Steigen die Luft zum Atmen genommen hätte. Oder Venedig und Amerika. Aber Venedig mochte ich lieber. Die Gondoliere haben so wunderschön gesungen. Ich liebte es, wenn sie abends ihre Lieder sangen und das Wasser gegen die Gondeln plätscherte.

Um alles zu erleben, was ich mir wünschte, wandte ich einen Trick an. Vor dem Schlafengehen suchte ich mir ein Thema aus, von dem ich träumen wollte. Zum Beispiel von einem lieben Jungen, von neuen Reisezielen, einer Fahrt im Heißluftballon, meinem Job als Lehrerin und vielem anderen mehr. Die Bilder hatte ich genau vor Augen, und ich konzentrierte mich auf sie, bis ich eingeschlafen war. Einen Lieblingstraum hatte ich auch: Ich war verheiratet, hatte einen tollen Ehemann, so einen wie Papa, und drei süße, gesunde Kinder. In meinen Träumen konnte ich einfach alles haben und alles sein! Ich tanzte auch mit Klara in einer Disko. Ob sich das alles in der Wirklichkeit genauso schön anfühlt? Ich habe auch von Sachen geträumt, die keinen Sinn ergaben. Vielleicht waren es ja Bruchstücke aus einem vorigen Leben.

Papa stellte manchmal ganz verrückte Dinge mit mir an. So weckte er mich schon mal mitten in der Nacht und trug mich hinaus in den Garten. Er wollte mir unbedingt den Sternenhimmel zeigen. Dazu stellte er sein Fernrohr auf und erklärte mir den Himmel. »Franny, hinter jedem Stern sitzt eine Seele. Sterne sind Milliarden von Lichtjahren entfernt. Auch wenn der Himmel voller Sterne hängt, so sehen wir nur einen Bruchteil von ihnen. Es gibt mehr Sterne als Sandkörner auf der Erde!« Fassungslos starrte ich durch das Fernrohr. Millionen Sterne, Lichtjahre, Galaxien, Milchstraße – schon damals klang meine neue Heimat wie ein Abenteuerland! Ob eine Seele wirklich so weit fliegen kann? Ich wollte zu gern die Unendlichkeit verstehen. Heute komme ich der Lösung der vielen Rätsel langsam näher. Ich bezweifle nur, ob Papa das wirklich ernst gemeint hat, das mit den Sandkörnern und den Sternen.

»Liebling, Liebe kennt keine Entfernung! Liebe hat in unseren Herzen ihr Zuhause, und Liebe kann auch durch Millionen von Kilometern nicht kleiner werden.« Dann kam Papas Beispiel von den Nachbarn, nämlich, dass man den Nachbarn nebenan entfernter sein kann als den Freunden auf der anderen Seite der Welt. Zu gern hätte ich in der Nacht eine Sternschnuppe gesehen. »Papa, wo genau beginnt der Himmel?«

In »Der kleine Prinz« gibt es diese Stelle mit den Sternen. »Die Leute haben Sterne, aber es sind nicht die gleichen. Für die einen, die reisen, sind die Sterne Führer. Für andere sind sie nichts als kleine Lichter.« Ich fände es schön, wenn sich die Menschen bei sternenklarer Nacht einen Stern aussuchten und ihm einen Namen gäben. Man kann auch schon Sterne kaufen, aber davon will ich nichts wissen. Ein Stern kann doch keinem gehören! Sterne schenken ihr Licht doch allen Menschen. Und wer darf etwas verkaufen, das allen gehört? Das war mit meinen Kleeblättern nicht anders. Auf die Idee, für ein Stück gefundene Natur Geld zu fordern, wäre ich niemals gekommen. Außerdem hat jeder Stern sicherlich auch eine Seele!

Mama war überzeugt davon, dass nichts im Leben ohne Grund geschieht. Dass alles seinen Sinn hat, den wir aber oft nicht sofort erkennen. Sie war der Meinung, dass ein Mensch nur deshalb jung stirbt, damit ihm etwas ganz Schlimmes erspart bleibt. Oder weil sich die kleine Seele tatsächlich in der Zeit geirrt hat. Mama sprach schon genau wie Papa. Ach, ich war froh, mich nicht geirrt zu haben, auch wenn ich so jung Abschied nehmen musste.

Den ersten Schritt eines Kindes zu begleiten macht glücklich. Den letzten zu begleiten todunglücklich. Jedes Unglück muss einen tiefen Sinn haben. Es darf nicht sein, dass man Schmerzen und Tränen für etwas Sinnloses hergeben muss. Ich bin sicher, hier oben werde ich das Warum finden und begreifen. Und vor allem, ob mich auf Erden etwas

Schlimmeres als meine Krankheit erwartet hätte, vor dem mich nur der Tod bewahren konnte!

Ich musste gehen und für immer umziehen. Wie Jesus. Nur war er der Einzige, der zurückgekommen ist. Hätte es ihn nicht gegeben, würde ich an einem Leben nach dem Tod sicherlich zweifeln. Wir können ihm so dankbar sein!

Für meinen Umzug brauchte ich nicht einmal Kisten zu packen. Die vielen schönen Erinnerungen und Gefühle sind wie Handgepäck im Flugzeug. Leichter und platzsparender ging es wirklich nicht.

»Wenn Himmel und Erde sich küssen« heißt eine Sammlung mit Gedichten von Mama, die sie in den letzten Jahren meiner Krankheit geschrieben hat. Manchmal waren ihre Gedichte meine Gutenachtgeschichten. Danach hauchte Mama mir den Gutenachtkuss zu, als wollte sie meinen Sauerstofftank füllen. Sie wusste nie, ob es ein letzter Kuss war. Ich hatte ihr nicht erzählt, dass ich mein Umzugsdatum bereits festgelegt hatte. Mama hatte immer Sorge, mein Schlaf würde mich ihr wegnehmen. Auch ich hatte lange Angst, ich würde eines Morgens nicht wieder aufwachen. Doch ob ich heute gehe oder morgen, traurig wären Mama und Papa sowieso. Ich wünschte mir so sehr, dass sie nicht still und heimlich weinten, dass sie ihr Leid nicht in sich hineinfressen. »Was man in sich hineinfrisst, kann krank machen und aufs Herz gehen!«, höre ich noch heute Mamas Worte.

»Wenn die Erde ein Kind verliert, gewinnt der Himmel einen Engel!« Dieser Satz aus Mamas Gedichtsammlung hatte mir besonders gut gefallen. Es musste stimmen, Mamas haben doch immer recht! Ich wollte ein Engel werden. Bisher hatte ich mich zweimal im Fasching als Engel verkleidet.

»Dein Glaube kann Berge versetzen! Denke nicht ans Sterben. Komme immer zu mir, wenn du Fragen hast, in Ordnung? Ich bin ganz sicher, dass schon bald eine Wunderwaffe gegen Mukki gefunden wird!«, sagte Dr. Brenz, den ich in all den Jahren richtig in mein Herz geschlossen hatte.

Mein Glaube konnte Berge versetzen? Da war was dran, denn eigentlich hätte ich schon zwei Jahre eher sterben sollen. Ich wollte und konnte aber noch nicht gehen! Ich blieb stark und tapfer, auch wenn mancher Atemzug schmerzvoll und anstrengend war. Jeder Tag ohne Anstrengung war wie Weihnachten, Ostern und Geburtstag zusammen. Und nach einer besonders kritischen Zeit ging es mir tatsächlich plötzlich besser. Schön, wenn man fürs Glauben und Beten etwas belohnt wird!

Leben kann man lernen, sterben nicht. Es soll auch gar nicht anders sein. Warum sollte man sich im Leben das Sterben beibringen? Es gibt so viel Sinnvolles zu lernen und zu tun. Trotz meiner Krankheit fand ich Mittel und Wege, das Leben schön zu finden.

Mit dem Tod konnte ich zu Lebzeiten nichts anfangen. Der Tod war ein ungebetener Gast, denn eingeladen hatte ich ihn nicht. Kein Wunder, dass ihn keiner mag! Schlimm, wenn sich jemand ankündigt, den man partout nicht haben will und leiden kann. Vor dem siebzehnten Juni wollte ich seine Bekanntschaft auf keinen Fall machen. Schon seltsam, dass man etwas ablehnt, was man gar nicht kennt, was einem aber Angst machen kann. Vielleicht gerade deshalb? Heute frage ich mich, ob ich dem Tod unrecht tat. Immerhin kommt er doch auch nur seiner Aufgabe nach. Der Tod ist nur die letzte Form des Seins. Schlimmer ist das Sterben, besonders, wenn es qualvoll ist. Und dann kommt der Tod als Retter in der Not!

Wenn ich heute auf der dicken Astra sitze, höre ich die schwere Glocke in Petrusstadt läuten. Ist Archibald da, gesellt er sich manchmal zu mir. Er ist so klug und weise und der Erste, den ich hier oben verstehen konnte.

»Franny, wenn die Menschen bewusster lebten, hätten sie weniger Angst vor dem Tod. Sie wären sicherlich auch mutiger, wagten etwas, trauten sich, mal kleine Risiken einzugehen. Aber die Angst vor dem Tod, einem Unfall, einer Krankheit oder einem Versagen hemmt die Menschen. Warum lassen sie sich nicht von Zuversicht und Vertrauen tragen? Wo ist ihr Glaube? Angst ist hinderlich im Leben. Tod ist die Leere und die Wachsamkeit zugleich. Tod ist die Dunkelheit und gleichzeitig das Licht. Warum sehen viele Menschen ihr Leben nicht als Chance? Als Wunder? Sie bekämpfen sich. Das schlechte Gefühl, das sich dabei entwickelt, macht die Liebe in ihnen immer kleiner. Alles, was nicht aus Liebe ist, kann nicht gut sein, kann nicht wachsen. Du, Franny, hattest im Vergleich zu manchen anderen wenige Jahre zu leben, aber diese Zeit war eine ganz besondere. Andere hatten viele Jahre zu leben, aber nicht viele davon waren wirklich gute Jahre. Im Rückblick war ihr Leben weder aufregend noch wirklich gut. Verstehst du, was ich meine?«

Kinder. Kinder sind neugierig, und sie sind so voller Liebe. Ganz reich treten sie ihre Reise auf dieser Welt an. Kinder kennen keine Unterschiede, keinen Hass und keinen Neid. Noch nicht. Kinder wollen einfach nur umsorgt und geliebt werden. Doch da sind auch die Großen, und sie nehmen den Kleinen ungefragt Entscheidungen ab. Erwachsene wollen angeblich immer nur das Beste, geben vor zu wissen, was gut für die Kinder ist. Sie erkennen gar nicht, wie groß die Kleinen sind und dass ein Großer auch viel von einem Kleinen lernen kann!

Heute habe ich den ganzen Tag lang Kinder beobachtet. Wenn ich wollte, könnte ich alle Kinder der Erde auf einmal sehen. Eines Tages möchte ich als Schutzengel Kinder behüten. Das erste Kind soll meine Schwester Jessi sein. Ich beobachte sie viel, und ich freue mich, wenn sie in mein Zimmer geht und meine große, bunte Kiste öffnet. »Frannys bunte Unordnung« hat Mama auf den Holzdeckel gepinselt. Jedes Mal holt Jessi etwas Neues aus der Truhe. Heute Morgen hat sie sich meinen »Krümel« geschnappt und ihn auf ihren Schoß gesetzt. Ich konnte erkennen, wie Jessi Krümel etwas zuflüsterte und dann in den Himmel zeigte. Es rührt mich, wenn sie über mich spricht. Und ich bin froh, dass Klara regelmäßig meine Familie besucht und mich besonders bei Jessi liebevoll vertritt.

Ab und an legen Schulkameraden noch immer Blumen in unseren Vorgarten. Papa hat einen großen Stein bemalt und ihn im Garten als »Sammelstelle« für mich plaziert. Nachbarskinder kleben selbstgemalte Bilder an den Stein. »Wenn sie wegfliegen, fliegen sie zu Franny!«, hat Papa einigen Kindern erklärt.

Die Kinder klingeln nicht. Sie kleben ihre Bilder an den Stein und rennen weg. Als ob sie einen Streich gespielt und Angst hätten, für etwas bestraft zu werden. Die Eltern meiner Schulfreunde sehe ich nie bei Mama und Papa. Manche wechseln die Straßenseite, wenn sie Mama, Papa und Jessi entdecken. Wovor fürchten sie sich? Etwa davor, etwas zu sagen, das mehr weh tut als tröstet? Darum geht es nicht! Ein Blick genügt doch schon, auch eine Umarmung, wenn man Beileid zum Ausdruck bringen will. Ich mag das Wort »Beileid« genauso wenig wie das Wort »Tod«. Bei-Leid, be-mit-lei-den. Heißt das, dass *Leid bei* denen ist, die trauern? In bemitleiden steckt Mitleid. Ob Mama und Papa Mitleid brauchen?

Ich finde, etwas Richtiges zu tun kann mehr wert sein, als etwas Richtiges zu sagen. Auch gemeinsam zu schweigen kann sehr wertvoll sein. Wenn man aber etwas sagt, sollte man dem anderen grundsätzlich in die Augen schauen.

Ich glaube, dass viel Arbeit vor mir liegt. Am liebsten würde ich schon jetzt auf Astra Richtung Erde düsen. Wie sehr ich es liebe, Kinder zu beobachten. Und weil Archibald der Wächter über viele Kinder ist, wiederholt er zu gern, was er über die kleinen Geschöpfe weiß. »Kinder sind so ehrlich, so liebevoll, so unvoreingenommen. Sie wissen noch nicht, dass sie eines Tages für ihre Ehrlichkeit einen hohen Preis werden bezahlen müssen. Kinder machen keine Unterschiede zwischen hässlich und schön, zwischen sauber und schmutzig, zwischen arm und reich, zwischen krank und gesund. Von sich aus beurteilen und verurteilen sie nicht. So kommen sie nicht auf die Welt. Das lernen sie erst mit der Zeit von den Großen. Die Großen zeigen es ihnen, wie man Unterschiede macht. Die Kinder ahmen das dann nach, weil sie ja groß sein wollen, und fangen an, sich miteinander zu vergleichen. Das ist nicht gut. Es ist auch nicht gut, sparsam mit Gefühlen umzugehen. Erwachsene zeigen ihre Gefühle nicht immer, obwohl sie im Laufe ihres Lebens so viele davon angesammelt haben. Und das wiederum können die Großen von den Kleinen lernen – Gefühle zu zeigen!«

Erwachsene finden andere Dinge oft wichtiger. Doch was macht glücklicher als gute Gefühle? Was nützt ein teures und großes Auto, wenn man traurig hinterm Steuer sitzt? Und warum will der eine besser sein als der andere? Ist der eine besser als der andere, wenn er mehr Geld hat oder mehr Besitz? Soll einer ruhig mehr Dinge haben als ein anderer – glücklicher macht es ihn nicht. Was ein Mensch ist, das ist er von innen. Und was bedeutet überhaupt Besitz?

Ich mag Dinge, die mich berühren. Was mich berührt, geht in mich hinein. Über ein neues Kleid konnte ich mich freuen, doch ein Gespräch mit Klara berührte mich tief im Innern.

Als ich sieben Jahre alt war, hatte Papa seine Arbeit verloren. Manche Freunde hatten plötzlich mehr Geld als wir, aber für die Freundschaft war das egal. Wer helfen konnte, half. Auch wenn Papa die Hilfe zuerst nicht annehmen wollte und Mama lieber weiter bei den Ausgaben sparte. Als Papa wieder Arbeit hatte, lud er alle seine Freunde zu uns ein, und wir feierten ein großes Dankesfest. Was sagt Anna in dem Buch »Hallo, Mister Gott, hier spricht Anna« zu Fynn? »Freundschaften sind innen.«

Bei uns zu Hause ging es immer um Gefühle. »Außen vergeht«, sagte Oma. Und weil »innen« nicht vergeht, soll man das Innen gut pflegen. Vertrauen, Respekt, Ehrlichkeit und Anstand – das sind für Mama und Papa ganz wichtige Tugenden. Wie oft habe ich gedacht, ich würde diesen schmerzhaften Krieg in meinem Körper nicht mehr aushalten. Da bekämpften sich Zellen, und ich konnte nicht dazwischengehen. Kopf gegen Körper. Und dabei hängen beide wie siamesische Zwillinge zusammen und bilden eine Einheit. Der Krieg in meinem Körper! Manchmal wünschte ich mir eine Waffe! Meine Familie und Klara standen mir uneingeschränkt zur Seite. Durch ihre Geduld wuchs meine Geduld, durch ihre Hoffnung meine Hoffnung, durch ihre Stärke meine Stärke. Ich habe lange geglaubt, dass mein Kopf meinen Körper gesund denken kann. Obwohl Mukki innen war, gehörte er für mich zum Außen. An der Seite meiner Seele und meines Herzens hatte er nichts zu suchen!

Wenn ich körperlich kranke Kinder auf der Erde beobachte, werde ich sehr nachdenklich. »Archibald, warum gehen die Menschen von einem weg, wenn man außen nicht mehr so heil ist wie innen?« Archibald hatte schnell eine Antwort parat. »Weil die Menschen nicht *in* den Menschen, sondern *auf* den Menschen sehen. Sähen sie den ganzen Menschen, könnten sie sein Innen sehen. Und dann erschiene ihnen der kranke Körper nicht weniger schön als der gesunde.«

Kurz nachdem ich hier oben ankam, nahm eine Seele Kontakt zu mir auf. »Willkommen im Himmel, kleine Franny. Du bist eine von uns. Seit es die Welt gibt, werden Menschen geboren, und Menschen sterben. Jeder bekommt seine eigene Zeit auf Erden. Das ist auch nötig, denn für alle Menschen auf einmal wäre selbst die große Erde viel zu klein. Manchmal vollbringen wir Schutzengel wahre Wunder auf der Erde. Und obwohl es uns nicht immer gelingt, bei jeder Gefahr überall da zu sein, versuchen wir, sekündlich im Einsatz zu sein. Du hattest auch einen von uns an deiner Seite. Er hat dafür gesorgt, dass du mit Mukki älter wurdest als manch anderer mit dieser Krankheit. Du hast über fünfzehn Jahre die Erde besucht, und du hast Wundervolles erleben dürfen. Denke an deine Familie, an deine beste Freundin Klara. Was ihr erlebt und gefühlt habt, erreichen andere ihr Leben lang nicht. Als du Gott gebeten hast, er möge dich endlich zu sich holen, hat er einen von uns nach dir geschickt. So haben wir dich abgeholt und sicher nach oben gebracht.«

»Wie erkennen sich die Seelen hier? Wie finde ich die Seele von einem, den ich auf der Erde kannte?«, wollte ich wissen.

»Wir spüren uns, aber sehen können wir uns nicht. Wir tauschen uns durch Schwingungen aus. Wenn ein Mensch auf der Erde ruft: ›Da hatte ich aber einen Schutzengel!‹, wird er keinen um sich herum sehen. Und doch war einer von uns da. Von uns wirst du lernen, wie Schutzengel arbeiten. Deine Freunde würden vor Neid erblassen, wenn sie wüssten, was es hier oben alles zu bestaunen und zu lernen gibt! Und dass du die Seele von deinem Freund Timo triffst, ist sehr wahrscheinlich. Wie das geht, wirst du bald erfahren!« Wenn Mamas Freundin Gisela das hören könnte, sie wäre sicherlich erleichtert!

Ob ich mir aussuchen kann, wen ich beschützen darf? Wenn ich Schutzengel werde, werde ich neu gemacht. Ein bisschen wie Geborenwerden, nur viiiiel schöner wahrscheinlich. Und die Verbindung zur Erde bricht auch nicht ab. Der Himmel braucht die Erde, und die Erde braucht den Himmel. Hand in Hand – das ist auch Mamas Zauberformel gewesen, als mächtigste Friedensstifterin.

Hier oben ist es wahrlich himmlisch. Worüber die Menschen sich auf der Erde streiten, bekriegen und entzweien müssen, ist hier oben völlig überflüssig. Ich glaube, es ist sogar verboten. Dabei unterscheiden sich Menschen nur durch Kleinigkeiten. Kleinigkeiten im Vergleich zu dem Großen, dem sie sich nicht entziehen können: dem großen Anfang, der Geburt, sowie dem großen Ende, dem Tod. Jeder geht zweimal im Leben durch einen Tunnel. Der Tunnel der Geburt führt auf die Erde, der Tunnel des Todes führt in den Himmel.

Hier oben muss ich keine Kleidung tragen, um die mich ein anderer beneiden könnte. Ich habe kein Fahrrad, das mir jemand klauen könnte. Und ich habe keinen Hunger wie viele arme Menschen auf der Erde. An Hunger zu sterben, das ist das Gemeinste überhaupt, weil wir doch täglich so viel Essen wegwerfen! Mama stellte irgendwann die Regel auf, wer sich zu gierig das Essen auf den Teller packt und wer dann nicht alles aufisst, muss 5 Cent in den kleinen Spartopf »Brot für die Welt« werfen. Papa war das irgendwann egal, er hatte ja genug Geld. Aber mir tat das schon weh. Doch ich habe schnell gelernt. – Auf jeden Fall sind hier die Bedingungen für alle gleich. Ob man sich hier oben auch verlieben kann, muss ich unbedingt noch erfahren.

Was hat Archibald mir mitgeteilt? »Hier oben herrschen etwas andere Regeln als unten. Nur wenige Menschen verstehen diese ›hohen‹ Gesetze. Sie sind Auserwählte. Sie bleiben so lange auf der Erde, bis ihre Aufgabe erfüllt ist. Man erkennt diese Menschen daran, dass sie viele weise Dinge sagen und fast nur für andere da sind. Sie teilen ihr Wissen und ihre klugen Gedanken mit denen, die dafür offen sind und sich auf die Sprünge helfen lassen. Hinter manchem dieser Wesen steckt ein Engel in Menschengestalt. Wir Engel können wahre Wunder schaffen. Wer uns begegnet oder wem wir begegnen, hat Glück gehabt, weil er Glück brauchte. Menschen, die offen sind, erwischen wir leichter. Bist du einmal einem Menschen begegnet, der in einem einzigen Augenblick mehr in dir bewirkte als jemand, den du schon viele Jahre kanntest?«

So scheint das mit dem Wunder des Lebens zu sein. Jeder hat ein Rendezvous mit ihm. Und jede Verabredung ist zeitlich begrenzt. Das Leben kommt, das Leben geht. Man sagt »Hallo«, und dann sagt man »auf Wiedersehen«. Auf Wiedersehen im Himmel. Ich bin jetzt mit den anderen Seelen hier oben verabredet. Aber dieses Mal ist es auf Lebenszeit. Meine Seele lebt weiter.

Seltsam, müde bin ich gar nicht. Während meiner Krankheit spazierte ich von Traum zu Traum, und selbst wenn ich wach war, habe ich ständig nur gegähnt. Das Leben mit Mukki erschöpfte mich doch sehr. Hier oben kann ich mich ausruhen, aber ich muss nicht schlafen. Ich will wachsam sein und meinen ersten Einsatz nicht verpassen!

In unserem Haus ist es stiller geworden. Die Tür zu meinem Kinderzimmer steht immer offen. Zusammen mit Mama zündet Jessi jeden Abend, bevor sie ins Bett gebracht wird, ein buntes Teelicht an und stellt es auf die Fensterbank. Ab und an schläft Jessi auch in meinem Bett. Geweint wird tatsächlich nicht viel. So habe ich es mir gewünscht. Wenn ich sehe, dass Papa mit Jessi bei Dunkelheit in den Garten geht und sie gemeinsam in den Himmel schauen, muss ich an Papas letzte Worte denken. Ich hatte ihn gefragt, ob Kater Mikeschs Seele und die von Klaras Schäferhund Carlo auch im Himmel seien.

»Ja, mein Schatz. Es gibt nur einen Himmel, nur einen großen Raum für alle Seelen dieser Welt, egal, ob Mensch oder Tier.«

»Papa, glaubst du, mir werden Flügel wachsen?«

»Ganz bestimmt, mein Liebling. Warum sieht man sonst immer Engel mit Flügeln?« Papa lächelte verschmitzt. »Du wirst der schönste Engel von allen sein!«

»Können Engel auch sterben?«

Papa drückte mich fest an sich. »Ja, wenn man aufhört, an sie zu glauben!«

Richtige Flügel habe ich nicht, auch wenn meine Seele zur Erde schweben kann. Deshalb kann man Schutzengel auch nicht sehen, sondern nur spüren. Ich glaube, Engel werden deshalb mit Flügeln abgebildet, weil deutlich werden soll, dass sie immer und überall hinschweben können. Wie achtlos es doch ist, nicht an sie zu glauben. Dabei beweisen Engel, dass es sie gibt! Sie sorgen immer und überall für große und kleine Schutzwunder! Jeder Mensch erfuhr schon Schutz, nur bekommt er das nicht immer mit.

Petrusstadt ist mein neues Zuhause, das ich so schnell nicht mehr verlassen werde, abgesehen von meinen Ausflügen als Schutzengel, oder wenn ich eines Tages vielleicht doch in einen anderen Körper schlüpfen darf.

Wenn ihr Erdenkinder diese Zeilen lest, bereite ich mich vielleicht auf meinen ersten Auftrag vor. Sobald eure Seele eines Tages ihre himmlische Reise zu uns ankündigt, wird einer von uns sie begleiten, und wir anderen werden sie in Empfang nehmen. Habt keine Angst, der Himmel hängt voller Seelen, ihr seid nie allein.

Und jeder wird eines Tages hierherkommen.

Und jeder Einzelne ist zu jeder Zeit herzlich willkommen im Himmel!

Bis es so weit ist, unterscheidet uns nur eins: Ihr braucht Luft zum Atmen, ich nicht!

Letzter Atemzug

✦ ✦ ✦

Die letzten Worte an ihre Eltern hatte Franny wenige Tage vor ihrem Tod aufgenommen. Die Kassette steckte noch im Kassettenrekorder. Auf dem kleinen Nachtschrank lag Bruno. Ein Zettelchen, adressiert an Klara, steckte unter seiner weichen Pfote. Die eingerahmte Kleeblattsammlung für Jessi lehnte am Bett.

Gegen halb elf Uhr abends war Frannys Mutter auf dem Weg in die Küche. Wie immer warf sie im Vorübergehen einen Blick in Frannys Zimmer. Der Glasrahmen war ihr aufgefallen. Und die Scherben auf dem Boden. Wie angewurzelt blieb sie zunächst stehen, um dann mit einer schrecklichen Vorahnung zu ihrer Tochter zu eilen.

Mit letzter Anstrengung hielt Franny ihre Augen einen Spalt weit geöffnet. Mama stand da, mit offenem Mund, wie gelähmt. Sie wollte nach Frannys Papa rufen, was ihr aber nicht gelang. Franny gab ihrer Mama mit einem Augenzwinkern zu verstehen, sie möge bei ihr bleiben. Mama setzte sich auf die Bettkante, legte Frannys Kopf in ihren Schoß und küsste zärtlich die Stirn ihrer Tochter. Nur wenige Minuten später schloss Franny für immer die Augen. Am Sonntag, dem siebzehnten Juni. Genau so, wie sie es sich gewünscht hatte. Nach dem schönen Familienausflug. Den sechzehnten Geburtstag hatte sie nicht mehr geschafft. Aber den siebzehnten Juni, den hatte sie erreicht!

Noch in derselben Nacht brannten in Frannys Zimmer 99 bunte Teelichter. Zwei Wünsche hatte Franny vor langer Zeit einmal geäußert. Wenn sie sterben müsste, sollten die Fenster geöffnet und 99 Kerzen angezündet werden. Die 100. Kerze wollte sie selbst sein, die hellste, die die anderen 99 Kerzen überstrahlt. Hell wie ein Stern, bald Millionen von Lichtjahren entfernt – und doch unendlich nah!

»Mama, Papa – bitte weint nicht so viel, weil ich gegangen bin. Ich weiß, dass ihr mich nicht gehen lassen wollt. Aber stellt euch ein Seil vor. An einem Ende zieht der Himmel, am anderen die Erde. Bitte lasst das Seil los, damit meine Reise nicht so anstrengend wird. Ich habe doch keine Wahl. Ich reise jetzt da oben hin, und ihr winkt mir jeden Abend zu! Lasst mich gehen. Ich liebe euch, von überall her. Ich war für kurze Zeit ein Teil der Erde – und ich werde, genau wie ihr, immer ein Teil dieser Welt bleiben. Wir sind alle Besucher einer Vorstellung, der eigenen Vorstellung. Jessi? Wir kommen beide aus demselben Bauch, und eines Tages werden wir in dem größten Bauch der Welt, dem Himmel, wieder zusammen sein. Aber du musst dir ganz viel Zeit lassen, das Leben auf der Erde ist so schön! Und Klara soll dir aus meinen Lieblingsbüchern vorlesen: *Anna*, *Richard Löwenherz* und *Der kleine Prinz*: ›Wenn du bei Nacht den Himmel anschaust, wird es dir sein, als leuchten alle Sterne, weil ich auf einem von ihnen lache. Du allein wirst Sterne haben, die lachen können. Und wenn du dich getröstet hast, wirst du froh sein, mich gekannt zu haben … und deine Freunde werden sehr erstaunt sein, wenn du den Himmel anblickst und lachst.‹ Schön, nicht wahr, Jessi? Ich steige nun den Regenbogen hinauf. Klara glaubt, der Regenbogen sei die Brücke zwischen Himmel und …« Das plötzliche Zuklappen eines Buches war zu hören. Für einen Moment ertönte ein Rauschen, dann sprang die Taste hoch. Stille.

Die wenigen Worte auf dem Zettel für Klara waren kaum zu entziffern, so zittrig war die Schrift. Tränen hatten das Papier aufgeweicht. Die Worte waren unleserlich, Buchstaben fehlten: »›du wist immer min feund sein‹, sagt der kl. pr. – ›du wirs lust habe, mit mir zu lachn u. du wirst manchma dein fenst. öffnen, gerade so, z. vergnügen‹. mein(e) rinz(essin), klara – vergiss nicht, mir ganz vile gebete zu schiken!!! deine gezähmte rose, dein fuchs, deine best freundin. auf ewig. ★f★.«

Dank

Ich danke: Rabo – verstorben am 6. 2. 2008; meinen Freundinnen Gudi, Melli, Anja, Alexa und Josie, Mawe, Caro, Drea, Brela, Dani, Majo, Karen und allen, die ich hier nicht namentlich erwähne; Tommy, Matthi, und von ganzem Herzen Heinz; Jürgen Petzold für sein unglaubliches Engagement; Ute Nerge, Leiterin Sternenbrücke Hamburg, für das tolle Gespräch; Dodge, der dieses Buch mit mir nach langer Zeit entstaubte; Bina Engel für ihr fotografisches Herz; Christina Stengel für ihren Einsatz und die liebevollen Websites; Jo Kern, die *Franny* ihre Stimme lieh; denen, die *Franny* in ihr Herz geschlossen haben und dazu beitragen, dass das Buch noch in viele Hände gelangt; allen Familienmitgliedern, besonders meinem Vater für die Lust am Schreiben, meiner Mutter für ihre bedingungslose Liebe und meiner über alles geliebten Tochter Lynn-Aimée dafür, dass ich ihre Mami sein darf; meinem Verlag.